W0032327

Anselm Grün

Damit dein Leben Freiheit atmet

Anselm Grün

Damit dein Leben Freiheit atmet

Reinigende Rituale für
Körper und Seele

Vier-Türme-Verlag

3. Auflage 2004
© Vier-Türme GmbH, Verlag, Münsterschwarzach 2003
Umschlaggestaltung und Satzentwurf: Elisabeth Petersen, München
Umschlagbild: Philippe Cheng, Photonica, Hamburg
Satz: Vier-Türme GmbH, Benedict Press, Münsterschwarzach
Druck und Bindung: Friedrich Pustet, Regensburg
ISBN 3-87868-283-2

Inhalt

Einleitung 9

I. *Reinheit und Reinigung in der Religionsgeschichte* 19

II. *Jesus von Nazareth* 25
    Das reine Herz 25
    Gegen die Reinheitsfanatiker 28
    Das unverfälschte Selbst entdecken 30
    Mich mit meinem Schmutz annehmen 32
    Das einfache und klare Auge 33
    Für den Liebenden ist alles rein 36
    Jesu reinigende Wirkung 37
    Der reine Raum in unserem Innern 42

III. *Bilder der Reinigung in der Bibel* 45
    Feuer 45
    Wasser 47
    Blut 50
    Schwert 52

IV. *Der Weg der Reinigung in der mystischen Tradition* 57
    Apatheia und Reinheit des Herzens –
    die Mönchsväter 59
    Die Bewegungen der Katharer und Puritaner 67
    Die dunkle Nacht bei Johannes vom Kreuz 70

V. Katharsis in der Psychotherapie *79*

VI. *Der spirituelle Weg als Reinigung* *85*
   Unsere Beziehung zu Gott *85*
   Unser Selbstbild *91*
   Die Beziehung zu unseren Mitmenschen *102*
   Reinigung in der Gemeinschaft *105*

VII. *Reinigende Rituale für Körper und Seele* *109*
   Was macht ein Ritual aus? – Die Jakobsleiter *110*
   Die Taufe *113*
   Das reinigende Schauspiel der Eucharistie *117*
   Versöhnungsrituale *121*
   Gebet und Meditation *123*
   Schweigen *127*
   Musik *130*
   Gehen und Wandern *132*
   Träume *135*
   Die Fastenzeit – Frühjahrsputz
   für Leib und Seele *137*
   Die Urlaubszeit *144*
   Geistliche Begleitung *147*
   Exerzitien *154*

VIII. *Die Vollendung der Reinigung* *159*

Schluß *163*

Literatur *167*

»Die Einfachheit des Herzens hat sehr viel mit Reinheit und Absichtslosigkeit zu tun. Ich will nur das eine und nicht auch noch tausend Dinge nebenbei.«
(Anselm Grün)

Einleitung

Das Vertrauen auf die Redlichkeit des Menschen ist in letzter Zeit immer wieder erschüttert worden. Da berichtet die Presse von Politikern, die in die eigene Tasche wirtschaften. Da geben Firmenvorstände zu, die Bilanz gefälscht zu haben. Da wirft man beliebten Lehrern, Erziehern und Priestern vor, Kinder sexuell mißbraucht zu haben. Wenn man täglich die Zeitung aufschlägt, stellt man sich die Frage: Wem kann ich überhaupt noch trauen? So wächst zugleich mit dem Mißtrauen die Sehnsucht nach Klarheit und Ehrlichkeit, nach Lauterkeit und Reinheit. Die Menschen sehnen sich nach Vorbildern, denen sie trauen können, die ihre Berühmtheit nicht für sich ausnützen, sondern die in sich redlich und lauter sind. Es ist letztlich die Sehnsucht nach Reinheit.

Reinheit war in der Religionsgeschichte immer ein zentraler Begriff. Der Mensch sehnte sich danach, sich rein dem reinen Gott zu nähern. In meiner Jugend hat mich der Begriff Reinheit seltsam berührt. Da wurde Reinheit oft mit sexueller Enthaltsamkeit gleichgesetzt. Rein ist der, der keine sexuellen Phantasien hat. Uns wurde die zwölfjährige Maria Goretti als Märtyrerin der Reinheit als Vorbild hingestellt. Heute sehe ich dieses tapfere Mädchen, das sich ihrem Vergewaltiger energisch widersetzte, mit anderen Augen. Ich bewundere ihren Mut und ihre Klarheit. Doch damals wurde sie uns als Mädchen geschildert, die jede sexuelle Phantasie abwehrte.

Einleitung

Und so bekam für mich der Begriff der Reinheit etwas Überforderndes. Ich spürte, daß ich nicht so rein sein konnte, wie es das Ideal der Reinheit wollte. Ich konnte nicht jede sexuelle Regung im Keim ersticken und jede sexuelle Phantasie ausschließen. Eine solch absolute Reinheit ist unmenschlich. Und wer ein solches Idealbild hinstellt, zeigt dadurch nur seine eigene Angst vor dem Leben, das immer vermischt ist und nie absolut rein. Wer Angst hat vor dem Schmutz, der wird nie rein. Wer die sterile Reinheit möchte, der zieht den Schmutz erst recht an. Er merkt gar nicht, wie er vom verdrängten Schmutz eingeholt wird.

Wenn wir diese übertriebenen Reinheitsideale weglassen, dann ist Reinheit heute doch ein Wort, das die Menschen im Innersten anspricht. Die Menschen sehnen sich nach Reinheit der Gesinnung, nach einem Menschen, der lauter ist, ohne Nebenabsichten, auf den man sich verlassen kann, bei dem man weiß, wo man dran ist. Sie sehnen sich nach innerer Klarheit, nach Einfachheit und Freiheit. Sie spüren, daß ihr Leben vollgestellt ist von all dem, was ihnen die Werbung täglich einredet. Sie sehnen sich nach dem einfachen Leben, das in sich klar ist. Reinheit meint nicht nur Abwaschen von Schmutz, sondern auch Entrümpeln von unnötigem Ballast, Loslassen von allem, was meine Seele nicht mehr atmen läßt. Die Einfachheit schenkt mir die Freiheit aufzuatmen. Einfach ist nicht in erster Linie der Mensch, der auf alles verzichtet, sondern der, der mit sich selbst eins ist, der in sich klar ist, der lauter ist und rein.

Daß das Thema Reinheit und Reinigung heute aktueller denn je ist, zeigt ein Blick in unsere gesellschaftliche Realität. Da

werden in der Werbung ständig Waschmittel angepriesen, die
jeden Schmutz vollkommen entfernen. Die Werbung für Seife
appelliert nicht nur an das Bedürfnis nach körperlicher Sauberkeit, sondern letztlich »an eine spirituelle Erlebnisschicht, die
mit Reinigung untrennbar verbunden ist« (Hartmann 494).
Sie suggeriert, die Seife könne im Menschen das bewirken,
was man früher von Reinigungsritualen erhoffte. In der Werbung werden spirituelle Sehnsüchte angesprochen. Nach einem Schaumbad werde man sich »wie neugeboren« fühlen.
Da wird suggeriert, es könne absolute Reinheit geben, der
Mensch könne sich von jedem Schmutz befreien. Ratgeberbücher versprechen, daß man von allen psychischen Belastungen frei werden und alle Abhängigkeiten ablegen könne. Da
werden Wege empfohlen, wie man immer cool bleiben, wie
man sein Übergewicht loswerden und wie man sich von heftigen Emotionen verabschieden kann. Letztlich taucht auf
der psychologischen Ebene das gleiche absolute Reinheitsideal auf, das mir die Spiritualität in meiner Jugend in der
Gestalt von Maria Goretti vor Augen gestellt hat. Doch alles
Extreme stammt von Dämonen, sagen die frühen Mönche.
Wenn ich absolute Reinheit wünsche, dann führt das zu Sterilität, Kälte und Unfruchtbarkeit. Und ich erreiche damit
nur, daß das Verdrängte um so schneller und heftiger zurückkehrt.

Das Thema Müll und die Frage der Mülltrennung und Müllentsorgung beschäftigen uns heute sehr. Bei aller Sehnsucht
nach Reinheit produziert unsere Gesellschaft soviel Müll wie
nie zuvor. Wir möchten den Müll entsorgen und belasten
damit die Umwelt. Wir sehnen uns nach einer reinen Natur,

Einleitung

nach einem Umweltschutz, der uns die Natur genießen läßt. Aber mit unserer übertriebenen Sehnsucht nach Reinheit verschmutzen wir die Umwelt in einem nie dagewesenen Ausmaß. Ausgerechnet Wäschereien, von denen wir saubere Wäsche erwarten, verschmutzen die Flüsse. Die Tendenz, möglichst viele Flüsse zu begradigen und Wege zu betonieren, war mit schuld an der Flutkatastrophe im Sommer 2002, die ganze Städte mit Schlamm und Dreck verunreinigt hat. Der Schmutz, den wir uns mit Beton vom Leib halten wollten, hat uns überschwemmt.

Das Reinheitsstreben ist oft mit Aggression verbunden. Die Sprache verrät das: Da wird ein Generalreiniger angepriesen. Kinder werden oft mit großem Druck zur Reinlichkeit erzogen. Es gibt Putzfanatiker. In einem Haus, das von Putzfanatikern beherrscht wird, kann man sich nicht zu Hause fühlen. Da ist alles steril. Da werden die Vorschriften für das Verhalten schlimmer, als es je die strengen jüdischen Reinheitsvorschriften waren. In religiösen Gemeinschaften und in Familien gibt es die Müllfanatiker, die jeden Papierkorb durchwühlen, um nach Dingen zu suchen, die nicht dort hineingehören. So richtig ihr Anliegen ist, so können sie doch mit ihren absoluten Vorstellungen die ganze Gemeinschaft terrorisieren. Sie sind so auf Reinheit fixiert, daß sie ständig im Dreck wühlen müssen.

Es gibt den Waschzwang. Er steht oft für die Sehnsucht nach Reinigung von einer Schuld, die man sich nicht eingestehen möchte. Im Waschzwang können wir die letztlich spirituelle Schicht erkennen, die allem Reinigen anhaftet. Wer von einem Waschzwang beherrscht wird, möchte sich von der Schuld rein waschen, die ihm angst macht. Der Waschzwang verweist letztlich auf die spirituelle Dimension des Waschens. Es geht im Waschen letztlich darum, sich von Schuld zu reinigen, die einen beschmutzt. Ein Pfarrer erzählte mir, er mußte immer unter die Dusche gehen, wenn er in der früheren DDR im Gespräch mit den Behörden seine innere Klarheit verleugnet und sich zu sehr angepaßt hatte. Offensichtlich genügte ihm nicht der Glaube an die vergebende Liebe Gottes. Er brauchte ein Waschritual, um den inneren und äußeren Schmutz abzuwaschen. So ist im Waschen beides vorhanden: die spirituelle Dimension als Sehnsucht nach Reinheit und Freiheit von Schuld und Schuldgefühlen und die zwanghafte Seite, die aus lauter Angst vor dem Schmutz zu immer skurileren Formen von Reinigungszwängen führt.

Die Aggressivität, die mit der Vorstellung von Reinheit verbunden ist, zeigt sich in der Forderung nach der reinen Kirche, nach der reinen Gesellschaft, die nicht durch Fremde getrübt werden dürfe. Der Naziterror propagierte die Rassenhygiene und verfolgte sie mit brutalsten Mitteln. Bei den Massenmorden in Jugoslawien und Ruanda sprach man von »ethnischer Säuberung«. Die Kirche verbrannte Ketzer und Hexen. Sie verfolgte damit eine spirituelle Hygiene. Doch mit dem Streben nach spiritueller Reinheit machte sie sich die Hände schmutzig. Aber wir brauchen nicht in die Vergangenheit zu schauen. Auch heute beschmutzen spirituelle Reinheitsfanatiker Andersdenkende und Andersgläubige mit üblen Beschimpfungen. Reinheit und Schmutz hängen also eng zusammen. Wer absolute Reinheit möchte, merkt gar nicht, wie er die Welt verschmutzt. Das gilt in gleicher Weise von den hygienischen und spirituellen Reinheitsideologen.

Einleitung

Aber nicht nur in den Bereichen der Hygiene und der Spiritualität spielt Reinheit eine große Rolle. Das eigentliche Feld, auf dem heute der Kampf um Reinheit ausgetragen wird, ist die Moral. Wer unmoralisch handelt, der ist unrein, unsauber. Er macht schmutzige Geschäfte. Theologisch gesprochen ist unmoralisches Verhalten Sünde oder Schuld. Doch die archaische Vorstellung, daß man sich durch unsauberes Verhalten beflecke und beschmutze, wirkt auch heute noch weiter. Man hat das Bedürfnis, die Gesellschaft von unmoralischem Verhalten zu reinigen. Und wie in früheren Zeiten belegt man auch heute ganze Bereiche mit dem Begriff »unrein«: Wer mit Geld umgeht, macht sich »die Hände schmutzig«. Politik ist ein »schmutziges Geschäft«. Die Korruptionsfälle in jüngster Zeit haben dieses Vorurteil gegenüber der Politik verstärkt. Und daß Geld den Menschen verderben kann, haben die Bilanzfälschungen gezeigt. Die Gesellschaft zeigt mit dem Finger auf Menschen, die ihrem Reinheitsideal nicht entsprechen. Aber indem wir uns über andere entrüsten, zeigen wir auch, daß wir vor den eigenen unklaren Verhaltensweisen lieber die Augen verschließen.

Auch auf dem Gebiet der Moral gibt es die berechtigte Sehnsucht nach Reinheit. Aber es gibt auch hier die Reinheitsfanatiker, die gar nicht merken, wie aggressiv sie die reine Moral predigen und gerade dadurch selber unmoralisch handeln. Sie verletzen Menschen, indem sie ihre Würde besudeln. Das Streben nach einem klaren und sauberen Verhalten in unserer Gesellschaft braucht das richtige Augenmaß. Und es braucht die Erfahrung der eigenen Reinigung. Denn nur »dem Reinen ist alles rein« (Titus 1,15). Wer in sich keine Reinigung seiner Emotionen und Leidenschaften erfahren hat,

Sehnsucht nach Reinheit und Klarheit

der kann auch keine reinigende Wirkung nach außen entfalten. Ihm werden die Reinheitsideale zum Verhängnis. Er identifiziert sich mit ihnen. Er möchte sie nach außen durchsetzen und verschmutzt dabei die Menschheit mit seiner eigenen Unreinheit.

Ein Freund erzählte mir von seinen Erfahrungen mit einer Reinigungskur in Peru. Er war für eine Woche im Urwald. Ein Indio hatte sich durch Fasten darauf vorbereitet, ihn zu begleiten. Er saß ihm schweigend gegenüber. Ab und zu fragte er meinen Freund nach den Bildern, die in seinem Inneren aufstiegen. Und er forderte ihn auf, sich von dem inneren Schmutz zu befreien. Er solle all den Dreck, der da in der Stille und im Gegenüber zu dem Begleiter in ihm hochgespült wurde, aus sich herauswerfen, wie ein Vulkan, der den Schmutz in seinem Inneren aus sich herausschleudert. In den nächtlichen Träumen stiegen in meinem Freund ausdrucksstarke Bilder hoch. Sie machten ihm bewußt, was er in den letzten Jahren alles in sich unterdrückt hatte, in der Meinung, er könne es selbst klären. Doch der Begleiter forderte ihn immer wieder auf, es nicht zu klären, sondern es herauszustoßen. Dazu braucht es die Kraft der Aggression, um sich von dem inneren Ballast zu befreien. Die seelische Reinigung wurde begleitet durch eine körperliche Reinigungskur. Der Freund sollte viel Zimttee trinken und eine bestimmte Diät einhalten. Körper und Seele sind für die Indios eine Einheit. Beides muß gereinigt werden. Mein Freund fühlte sich nach dieser Woche seelisch und körperlich wie neugeboren. Offensichtlich kennen die Indios heute noch wirksame Reinigungsrituale, die helfen, sich von dem inneren Schmutz zu befreien.

Einleitung

Die Erfahrung, die mein Freund mit der Reinigungskur in Peru gemacht hat, hat mich angeregt, einmal nachzuforschen, wie das Thema der Reinheit und Reinigung in der Religionsgeschichte, in der Bibel und vor allem in der mystischen Tradition verstanden wurde. In einem kleinen Kreis von Mitbrüdern und MitarbeiterInnen aus dem Vier-Türme-Verlag unterhielten wir uns einen Abend lang über dieses Thema. Und wir spürten, wie jeder etwas beitragen konnte, weil Reinheit eine Ursehnsucht ist. Täglich haben wir mit Reinigen zu tun. Die tägliche Zimmerreinigung ist Symbol für die Sehnsucht, daß auch unser Inneres gereinigt wird von allem, was unser wahres Wesen verstellt.

Der mystische Weg beginnt immer mit der »Via purgativa«, mit einem Reinigungsweg. Ich habe den Eindruck, daß bei vielen Kursen zum Thema Zen-Meditation oder Kontemplation dieser Schritt der Reinigung zu wenig bedacht wird. Man zielt sofort auf die zweite Stufe, auf die Erleuchtung, oder gar auf die dritte Stufe, die Einigung. Doch wenn die Einigung ohne Reinigungsweg erstrebt wird, ist man in Gefahr, die eigenen Schattenseiten zu überspringen und die Spaltungstendenzen in der eigenen Seele zu übersehen. Psychologisch gesehen ist die Schattenarbeit die Voraussetzung für die Selbstwerdung und für den spirituellen Weg des Einswerdens mit sich selbst und mit Gott.

Als Cellerar werde ich immer wieder mit Konflikten konfrontiert. Ich spüre, wie leicht ich mich von den Konflikten in Beschlag nehmen und mich von negativen Emotionen anstecken lasse. Wenn jemand über einen Mitarbeiter schimpft oder sich über einen Mitbruder beschwert, springt in mir sofort etwas an, das sich auch innerlich über diesen Men-

Sehnsucht nach Reinheit und Klarheit

schen entrüstet. Aber oft merke ich dann zu spät, wie sich mein Denken verschmutzt hat durch die ungereinigten Emotionen von außen. Daher spüre ich, wie für mich die Reinigung meiner Emotionen ein wichtiges Thema ist.

So hoffe ich, daß ich mit diesem Buch über reinigende Rituale die Sehnsucht vieler Menschen nach Reinheit und Klarheit, nach Freiheit und Lauterkeit, nach Einfachheit und Einssein anspreche. Für manchen mag der Weg über die Vorstellungen von Reinheit und Reinigung in der Bibel und in der mystischen Tradition zu mühsam sein. Er kann sich gleich dem zweiten Teil des Buches zuwenden, in dem die persönlichen Wege der Reinigung angesprochen werden. Doch für mich war gerade die Beschäftigung mit der Bibel und mit dem frühen Mönchtum fruchtbringend. Sie hat mir gezeigt, daß die heutige Sehnsucht nach Reinheit schon immer die Menschen umgetrieben hat. Jesus hat auf seine originelle Weise auf diese Sehnsucht geantwortet. Und die Mönche und Mystiker haben Jesu Worte jeweils in ihre Zeit übersetzt und auf ihren spirituellen Weg bezogen, von dem wir viel über unseren eigenen Weg erfahren können. So möchte dieses Buch dazu beitragen, daß Sie, lieber Leser und liebe Leserin, für sich einen Weg finden, rein und lauter zu werden, damit Ihr Leben Freiheit atmet.

I. Reinheit und Reinigung in der Religionsgeschichte

Das deutsche Wort »rein« hängt sprachlich mit dem »Sieb« zusammen. Rein ist das Gesiebte. Das Sieb hält das Grobe und Unreine zurück und läßt nur das Eigentliche durchsickern. Rein hat also damit zu tun, daß ich in Berührung komme mit dem eigentlichen Kern in mir und alles Äußere, das diesen Kern verstellt, ausgeschieden wird. Rein ist auch verwandt mit dem griechischen Wort »krino« (»scheiden«, »sondern«). Reinheit entsteht, wenn ich das Schmutzige und Saubere voneinander scheide, oder ethisch gesprochen, wenn ich das Gute vom Bösen trenne. Im Mittelalter sprachen vor allem die Mystiker oft von Lauterkeit. Das Wort »lauter« kommt von »lavo« (»waschen«): etwas Verschmutztes muß also gewaschen werden, damit es lauter und rein wird. Das lateinische Wort für Reinigen, »purgare«, heißt eigentlich »rein machen« (»purum agere«). Für die Römer ist Reinigen etwas Aktives. Ich muß etwas tun. Ich muß putzen und den Schmutz wegmachen.

In allen Religionen spielt die Reinheit eine wichtige Rolle. Man muß sich Gott mit reinen Händen und einem reinen Herzen nahen. Das ist in Ägypten nicht anders als in Indien und Griechenland. Es gilt für das Judentum, den Islam, den Buddhismus, Hinduismus genauso wie für das Christentum. Reinheit ist oft ein kultischer Begriff. Bevor man im Tempel ein Opfer darbringt, muß man sich durch Reinigungsriten, oft durch Waschungen, darauf vorbereiten. Dem reinen Gott muß man sich rein nahen.

In der Sehnsucht nach Reinheit drückt sich also die Ehrfurcht vor dem ganz anderen Gott aus. Gott ist heilig. Der Mensch fühlt sich dagegen oft befleckt. Unrein wird nach der Auffassung der Ägypter der, der die Ordnung verletzt. Bei den Griechen verunreinigt sich der Mensch vor allem durch Blutschuld, durch Geburt und Tod, durch Menstruation und Geschlechtsverkehr und durch Entweihung des göttlichen Bereichs. Der Mensch muß sich durch Reinigungsriten heiligen, damit er vor den heiligen Gott zu treten vermag. Man glaubt, daß man durch besondere Riten den Zustand der Reinheit herbeiführen kann. Für die Ägypter sind solche Riten »rituelle Bäder, das Entfernen der Haare, das Anlegen weißer Gewänder, sexuelle Enthaltsamkeit und die Einhaltung bestimmter Speisevorschriften« (Bernhard Maier 474). Andere Religionen kennen »rituelle Reinigungen mit Feuer oder Wasser, Räuchern zum Zwecke der Vertreibung böser Geister, das rituelle Beschreiben eines Kreises zur Festlegung eines geheiligten Bezirks sowie die Vermeidung verunreinigender Substanzen durch verschiedene Formen der Enthaltsamkeit« (ebd. 476). Bei allen Reinigungsriten geht es darum, daß etwas Unreines aufgelöst wird und der Mensch rein vor den heiligen und reinen Gott tritt. Aber in allen Religionen bleibt man nicht bei der äußeren Reinheit stehen. »Rein« ist auch ein ethischer Begriff. Er bezieht sich auf die reine Gesinnung. Rein wird oft gleichbedeutend mit heilig verwendet. In den Mysterienkulten Griechenlands spielte der Begriff der Katharsis eine wichtige Rolle. Die Eingeweihten waren auserwählt, am »Gelage der Reinen« teilzunehmen.

Katharsis

Im Alten Testament beschreiben zahlreiche Vorschriften, wie der Mensch sich reinigen soll, wenn er etwa durch Krankheit, durch Geburt oder Tod unrein geworden ist. Da spielen die gleichen Vorstellungen von rein und unrein eine Rolle, wie sie in Ägypten und Griechenland verbreitet waren. Aber es gab in Israel auch Reinigungsriten mit einer gesellschaftlichen Dimension. Beim Sündenbockritual legte man all das Unreine des Volkes auf das auserwählte Tier und stieß es in die Wüste, damit es die Verfehlungen des Volkes aus der Gesellschaft ausscheide. Israel hatte ein Gespür dafür, daß sich ein Volk verunreinigt, wenn es von Gottes Wegen abweicht. Und Israel hatte das Bedürfnis, die Atmosphäre der Gemeinschaft zu reinigen, indem es den Sündenbock in die Wüste schickte.

Die sittliche Bedeutung der Reinheit wurde vor allem in der griechischen Philosophie entfaltet. Dort geht es um die Frage, wie der Mensch diese innere Reinheit erlangen kann. Die Griechen sprechen von der »Katharsis«, vom Reinigungsprozeß. Für die philosophische Schule der Pythagoreer geschieht die Katharsis durch die Musik und die Mathematik. Die Seele ist Harmonie. Wenn diese Harmonie gestört ist, wird sie unrein. Die Leidenschaften stören die innere Harmonie. Sie zerbrechen den inneren Rhythmus der Seele. Die Musik und die Mathematik stellen die innere Harmonie wieder her. Indem sie die Beziehungen zwischen den einzelnen Bereichen der Seele wiederherstellen, heilen sie die Leidenschaften. Dadurch wird die Seele gereinigt. Indem die Seele durch die Musik in ihre ursprüngliche Bewegung gelangt, wird sie von den schädlichen Auswirkungen der Affekte befreit. So meint es der berühmte Arzt Theophrastos in der Tradition des Pythagoras. Wenn die Leidenschaften harmonisch zusammenklingen, ist die Seele in reinem Zustand. Wenn die Leidenschaften und Emotionen sich verselbständigen und ihre eigenen Töne hervorbringen, erzeugen sie einen Mißklang und beschmutzen die Seele. Wir sprechen in der Musik von reinem Klang. Für die Pythagoreer war der reine Klang Ausdruck einer reinen Seele. Wer ein Musikinstrument spielt, weiß, wie reinigend es auf die Seele wirken kann, den reinen Ton zu spielen. Und wer singt, spürt in seiner Seele die reinigende Wirkung, wenn er »sauber« singt.

Platon beschreibt die Hebammenkunst des Sokrates. Sokrates spricht mit den Menschen und lockt aus ihnen die Wahrheit hervor. Indem die Menschen von sich und ihrer inneren Wirklichkeit sprechen, geschieht Reinigung. Sie werden frei von Projektionen und Illusionen und kommen immer mehr in Berührung mit ihrem wahren Wesen. Der Philosoph ist wie eine Hebamme, die bei der Geburt des inneren Kindes, des wahren Selbst, helfend beisteht. Die Wahrheit ist schon in uns. Davon ist Platon überzeugt. Doch sie ist oft genug verstellt. Durch das Gespräch und durch philosophische Reflexion kann sie wiederhergestellt werden.

Ausführlich hat sich Aristoteles mit der »Katharsis« beschäftigt. Der Tradition nach war er der Sohn eines Arztes. Und er hat die Reinigungskuren, die sein Vater als Arzt verschrieben hat, in die Philosophie eingebracht. Für ihn ist vor allem das Theater der Ort, an dem die Zuschauer Reinigung erfahren. Die Tragödie ruft im Zuschauer Mitleid (»eleos«) und Furcht (»phobos«) hervor. Dadurch kommt es zur Reinigung von seinen Affekten. In der Tragödie werden ja oft sehr starke Leidenschaften und Affekte dargestellt, wie Haß, Wut, Eifersucht und Rache. Indem die bedrängenden Emotionen auf der Bühne zur Darstellung gebracht werden, wird ihnen ihre Macht genommen. Aristoteles schreibt diese reinigende Wirkung der Tragödie dem Rauschzustand und der Lust zu, die durch die Darstellung im Menschen bewirkt werden. Dadurch kommt es wie bei einer psychotherapeutischen Kur zur Abfuhr von überschüssigen Affekten und zu einer lustvollen Erleichterung. Gotthold Ephraim Lessing hat diese Theorie des Aristoteles übernommen. Er versteht die Katharsis als »moralischen Endzweck« der Tragödie. Durch sie wird der Zuschauer von seinen Leidenschaften gereinigt und diese werden »in tugendhafte Fertigkeiten« verwandelt. Gerade die Reaktionen von Mitleid mit den Menschen, die Opfer zerstörender Leidenschaften werden, und von Furcht über die Zerstörungskraft der menschlichen Seele befreien den Zuschauer von seinen eigenen destruktiven Leidenschaften. So bewirkt das Zuschauen bei der Tragödie die Katharsis der Seele. Der Zuschauer geht gereinigt und geläutert nach Hause.

Die stoische Philosophie versteht die Katharsis vor allem als Freiheit von Affekten. Ihre Lehre hat sich in der frühkirchlichen Askese ausgewirkt. Die frühen Mönche stehen der stoischen Philosophie in manchem nahe. Reinheit hat hier vor allem eine psychologische und ethische Dimension. Die spirituelle Dimension der Reinheit betont dagegen der Neuplatoniker Plotin. Für ihn ist die Katharsis die erste Stufe des Aufstiegs der Seele auf ihrem Weg zur Erkenntnis des Einen. Die Seele kann mit dem Einen (mit Gott) nur eins werden, wenn sie innerlich gereinigt worden ist von allen sie verunreinigenden Tendenzen. In der Tradition Platons sieht Plotin dabei die Reinigung immer auch als Trennung der Seele vom Leib an. Von Plotin sagt sein Biograph, daß er sich geschämt habe, in einem Leib zu wohnen. Diese leibfeindliche Dimension hat sich auch in manchen christlichen Kreisen negativ auf das Verständnis von Katharsis und Reinheit ausgewirkt.

Hippokrates, der große griechische Arzt, hat auf dem Hintergrund griechischer Philosophie eine kathartische Medizin entwickelt. Der Mensch wird unrein, wenn einer der vier Säfte im Menschen – Blut, Schleim, schwarze und gelbe Galle – im Überfluß vorkommen. Die Medikamente, die Hippokrates verabreicht, sollen die schädlichen Stoffe aus dem Leib hinaustragen. Heilung besteht daher letztlich in einer Reinigungskur. Das, was den Menschen verunreinigt, wird durch die entsprechenden Medikamente ausgeleitet. So wirken auch heute noch manche Medikamente. Wenn jemand an Amalganvergiftung leidet, helfen Algenmittel und viel Trinken, das Gift auszuscheiden. Hippokrates fordert vom Arzt auch, er solle auf die Reinheit der Umwelt achten, damit der Mensch seine Reinheit bewahren kann. Und der Arzt muß sich zu einer reinen Lebensführung und Berufsausübung verpflichten. Hippokrates wußte, daß man den Menschen nicht in erster Linie mit technischen Mitteln oder mit Medikamenten heilt, sondern durch die Reinheit der Gesinnung, mit der der Arzt den Patienten behandelt. Die Beziehung zwischen Arzt und Patient ist wichtig. Sie darf nicht durch unlautere Nebenabsichten und durch Projektion der eigenen Affekte auf den Patienten verunreinigt werden.

II. Jesus von Nazareth

Jesus spricht auf seine persönliche Weise von Reinheit und Reinsein. Er kämpft gegen die engen Reinheitsvorschriften der Pharisäer. Die sind ihm zu äußerlich und können zu einem zwanghaften Denken und Handeln führen. Jesus geht es um die innere Reinheit des Menschen, um die Lauterkeit des Herzens, um das reine Herz.

Das reine Herz

Die Pharisäer stoßen sich am liberalen Verhalten Jesu. Sie werfen ihm vor, daß er und seine Jünger ihre Hände vor dem Essen nicht waschen. Man müsse mit reinen Händen essen. (Vgl. Markus 7,2) Jesus wehrt sich gegen diesen Vorwurf. Er wirft den Pharisäern vor, daß sie sich nicht an den Sinn des göttlichen Gebotes halten, sondern an ihre eigenen Überlieferungen, die den Willen Gottes verstellen. Den Pharisäern sind nicht nur die reinen Hände wichtig, sondern auch die reinen Speisen. Bei den Juden galten die vierfüßigen Tiere als unrein. Daher durfte man ihr Fleisch nicht essen. Jesus stellt die Unterscheidung von reinen und unreinen Speisen in Frage und rührt damit an das Fundament alttestamentlicher Reinheitsvorstellungen: »Nichts, was von außen in den Menschen hineinkommt, kann ihn unrein machen, sondern was aus dem Menschen herauskommt, das macht ihn unrein.« (Mk 7,15) Es gibt keine unreinen Speisen. Das hält Markus eigens fest: »Damit erklärte Jesus alle Speisen für rein.« (Mk 7,19) Denn die Reinheit hängt nicht von dem ab, was ich esse, was ich in mich aufnehme, sondern von dem, was aus mir herausgeht. Und dann erklärt Jesus, was er meint: »Was aus dem Menschen herauskommt, das macht ihn unrein. Denn von innen, aus dem Herzen der Menschen, kommen die bösen Gedanken, Unzucht, Diebstahl, Mord, Ehebruch, Habgier, Bosheit, Hinterlist, Ausschweifung, Neid, Verleumdung, Hochmut und Unvernunft. All dieses Böse kommt von innen und macht den Menschen unrein.« (Mk 7,20–23)

Wie sollen wir dieses Wort Jesu verstehen? Jesus geht es weniger um die äußere Reinheit, sondern um die Reinheit des Herzens. Aber – so sagt sein Wort – in diesem Herzen ist das Böse. Wie das Böse ins Herz kommt, darüber sagt Jesus nichts. Ich kann mir zwei Deutungen des Jesuswortes vorstellen:

Die erste Deutung meint: Jesus rechnet damit, daß böse Gedanken und verderbliche Leidenschaften im Herzen vorkommen. Aber nur wenn sie geäußert werden, wenn wir sie selber denken, aussprechen oder tun, machen sie uns unrein. Daß solche Gefühle in uns sind, macht uns noch nicht unrein. Erst wenn sie sich mit unserem Denken, Sprechen und Handeln vermischen, verunreinigen sie das Herz und durch das Äußern auch die Umwelt. Der Mensch wird unrein, wenn er sich von den Lastern bestimmen läßt. Wenn das, was innen ist, nach außen kommt, dann durchdringt das Böse Leib und Seele des Menschen und macht ihn unrein. Und zugleich wirkt es verunreinigend auf die Umwelt.

Aber ich kann das Jesuswort auch anders deuten: Die bösen Gedanken und Leidenschaften sind im menschlichen

Das reine Herz

Herzen. Wenn ich sie unterdrücke oder verdränge, wirken sie doch noch in mir fort. Im Deutschen sprechen wir vom Herzen als einer Mördergrube. Es gibt Menschen, die nach außen hin nichts Böses tun. Aber man merkt es ihrem Gesicht und ihrer Ausstrahlung an, daß in ihnen ganz viel Aggressivität und Bosheit sind. Wenn wir nur die Zähne zusammenbeißen, um das Böse, das in uns ist, nicht zu äußern, werden wir doch in unserem Inneren verschmutzt. Es geht dann von uns eine negative Atmosphäre aus. Wer seine innere Aggressivität verdrängt, der erscheint nach außen hin oft sehr freundlich. Aber unbewußt bewirkt er in seinem Gesprächspartner doch Aggressionen. Der andere bekommt die verdrängte Aggression mit. Und so verschmutzen die, die das Böse in sich unterdrücken, trotzdem ihre Umwelt. Das Unbewußte und Verdrängte bahnt sich seinen Weg nach außen und wirkt direkt auf das Unbewußte der Umgebung ein. Jesus geht es nicht darum, die Leidenschaften in uns zu unterdrücken, sondern sie zu reinigen. Es geht um einen inneren Reinigungsweg. Nur wenn das Herz gereinigt ist von all den destruktiven Leidenschaften, wird der Mensch auch nach außen eine reine und lautere Ausstrahlung haben.

Daher geht es Jesus vor allem um das reine Herz. In der Bergpredigt preist Jesus die selig, die ein reines und lauteres Herz haben: »Selig, die ein reines Herz haben; denn sie werden Gott schauen.« (Matthäus 5,8) Das Ziel der Reinheit ist, Gott zu schauen, mit Gott eins zu werden. Jesus geht es also nicht in erster Linie um die moralische Reinheit, um die Freiheit von allen Fehlern und Schwächen, sondern um die innere Klarheit und Reinheit als Voraussetzung für das Einswerden mit Gott. Es geht ihm um die mystische Dimension der

Reinheit. Wir müssen das Herz reinigen, nicht damit wir fehlerfrei werden und uns dieser Fehlerlosigkeit rühmen könnten. Es geht vielmehr darum, sich zu reinigen, damit wir Gott zu schauen vermögen. Ein unreines Herz macht sich seine eigenen Bilder von Gott. Es kann nur auf die selbstgemachten Bilder sehen, aber nicht auf den wahren Gott. Nur das reine Herz vermag Gott zu schauen, wie er wirklich ist, ohne sein Bild mit eigenen Projektionen zu verunreinigen.

Gegen die Reinheitsfanatiker

Jesus erzählt uns im Matthäusevangelium ein eigenartiges Gleichnis. Er vergleicht das Himmelreich mit einem Mann, der guten Samen auf seinen Acker säte. »Während nun die Leute schliefen, kam sein Feind, säte Unkraut unter den Weizen und ging wieder weg. Als die Saat aufging und sich die Ähren bildeten, kam auch das Unkraut zum Vorschein.« (Mt 13,25f) Die Knechte des Mannes wollen das Unkraut herausreißen. Doch der Mann entgegnet ihnen: »Nein, sonst reißt ihr zusammen mit dem Unkraut auch den Weizen aus. Laßt beides wachsen bis zur Ernte.« (Mt 13,29f)

Offensichtlich gab es in der frühen Kirche die Sehnsucht nach der reinen Kirche. Alle, die dem Idealbild des Christen nicht entsprachen, sollten aus der Kirche entfernt werden. Das Unkraut auf dem Acker der Kirche sollte herausgerissen werden. Matthäus wehrt sich gegen solche Reinheitsfanatiker. Ob wir wollen oder nicht, die Kirche bleibt immer die gemischte Gemeinschaft, die Gemeinschaft aus Frommen und Sündern. Wer die reine Kirche will, der merkt gar nicht, wie unrein sein eigenes Herz ist. Er kämpft gegen die Unreinheit der andern, weil er die eigene nicht wahrhaben will. Wir müssen es Gott überlassen, am Ende der Welt das Unkraut vom Weizen zu scheiden. In dieser Welt wächst auf dem Acker der Kirche immer beides. Die Reinheitsfanatiker haben in der Kirche immer wieder gewütet. Sie haben die Hexen verbrannt und damit gegen unzählige Frauen großes Unrecht begangen. Wer die absolute Reinheit in der Kirche will, der merkt gar nicht, wie brutal er gegen andere vorgeht. Er kehrt den Schmutz der eigenen Seele nach außen und bewirkt so genau das Gegenteil von dem, was er eigentlich anstrebt.

Man kann das Gleichnis aber auch als Bild für jeden einzelnen verstehen. Wir können auch aus dem Acker unserer Seele das Unkraut nicht herausreißen. Sonst würde auch der Weizen mit erfaßt. Denn die Wurzeln des Unkrauts sind eng mit denen des Weizens verbunden. Wir können das Unkraut nur zurückschneiden. Aber herausreißen können wir es nicht. Wir müssen damit leben, daß wir bis zum Tod in uns auch Unkraut haben. Das Gute und das Böse sind in uns vermischt. Und durch keinen spirituellen Weg können wir vor dem Tod absolut rein werden. Das gehört zur menschlichen Demut anzuerkennen, daß Licht und Dunkel, Gut und Böse in uns sind. Wir können den Acker unserer Seele nur Gott anvertrauen und das Menschenmögliche an Pflege selbst in Angriff nehmen. Aber wir müssen uns von der Illusion verabschieden, daß wir uns hier auf Erden vollständig reinigen könnten. Die wahre und endgültige Reinigung unserer Seele wird Gott im Tod an uns vornehmen.

Das unverfälschte Selbst entdecken

Jesus treibt immer wieder aus den Menschen Dämonen aus. Dämonen sind unreine Geister. Sie trüben das Denken des Menschen. So ein Dämon kann die innere Bitterkeit sein. Ein verbittertes Herz kann nicht mehr klar denken. Es projiziert die eigene Verbitterung in die Menschen hinein. Dämonen, das können auch Komplexe sein, innere Zwänge, fixe Ideen. Indem Jesus die Dämonen austreibt, reinigt er die Menschen von ihren emotionalen Trübungen und von ihren psychischen Komplexen, die ihr Selbst verdunkeln und beschmutzen. Es ist keine kultische Reinigung, die Jesus durch seinen Exorzismus bewirkt, sondern eine existentielle, eine psychologische Katharsis. Der Mensch wird fähig, sein wahres Selbst zu entdecken. Jesus befreit die Menschen zu sich selbst. Wer frei wird von den Dämonen, die ihn knechten, dessen Seele atmet auf. In der Nähe Jesu bekamen die Menschen den Mut, aufzuatmen und ihr unverfälschtes und lauteres Selbst zu entdecken und dazu zu stehen.

Dämonen trüben auch unser Gottesbild. Als Jesus in der Synagoge von Kafarnaum von Gott sprach, schrien die Dämonen auf. Sie fühlten sich offensichtlich von Jesus verunsichert. Indem Jesus richtig von Gott sprach, brachte er die dämonisierten Gottesbilder der Menschen ans Tageslicht. Da wurde deutlich, daß manche Gott nur dazu benutzten, um sich über andere zu stellen oder sich gegen alle Eventualitäten abzusichern. Sie mißbrauchten Gott, um sich gegen die Wahrheit des eigenen Herzens zu verschließen. Jesus befreit die Menschen von ihren dämonischen Gottesbildern und zeigt ihnen den Gott auf, der ihre Seele atmen läßt.

Das unverfälschte Selbst entdecken

Die große Frage, die mich immer wieder bewegt, ist, wie ich denn den inneren Dreck aus mir herauswerfen kann. Die Dämonenaustreibungen im Neuen Testament zeigen mir einen Weg, wie das gehen könnte. In der Psychologie möchten wir immer alles klären, aussprechen, aufarbeiten. Das ist sicher legitim. Aber Jesus weist mir noch einen anderen Weg. Es geht darum, das, was sich in mir festgesetzt hat, herauszuschleudern, damit es mich nicht mehr beherrscht und beschmutzt. Die Dämonen stehen für all das, was ich heruntergeschluckt habe, was ich meine, austragen zu müssen. Ich schleppe viel Ballast mit mir herum, alte Verwundungen, alte Kränkungen. Die müssen aus mir heraus, damit sie mich nicht lähmen. Jesus fährt die Dämonen oft sehr zornig an. Er verhandelt nicht mit ihnen. Sie sollen einfach nur ausfahren aus dem Menschen. Der Jesus in mir, das ist mein wahres Selbst, das all das Dämonische aus mir herauswerfen muß.

Nur einmal verhandelt Jesus mit den Dämonen. Als der Besessene von Gerasa auf Jesus zugeht, befiehlt Jesus dem unreinen Geist: »Verlaß diesen Mann, du unreiner Geist.« (Mk 5,8) Es ist nicht nur ein unreiner Geist, sondern es sind viele Dämonen, die sich in diesem Mann festgesetzt haben. Sie bitten Jesus: »Laß uns doch in die Schweine hineinfahren. Jesus erlaubte es ihnen.« (Mk 5,12f) Da fahren die Dämonen in die Schweine. Die ganze Herde stürzt sich in den See und ertrinkt. Die Dämonen sollen sich selbst schaden. Die Feinde, die mich beherrschen wollen, sollen weichen und in sich selbst zusammenfallen. Die Psalmen laden mich immer wieder dazu ein, Gott darum zu bitten, daß er die Feinde in mir vernichten solle. Die Feinde sollen in die Grube fallen, die sie mir gegraben haben. Sie sollen sich selbst vergiften, anstatt meine Seele mit giftigen Gefühlen anzufüllen. Die Dämonenaustreibungen durch Jesus sind für mich hoch aktuell. Sie zeigen einen therapeutischen Weg, wie ich mich von dem inneren Dreck befreien kann. Ich muß den Dreck mit Namen benennen, so wie Jesus den Dämonen beim Namen nennt. Und ich muß ihn herauswerfen, anstatt ihm die Möglichkeit zu geben, sich in meinem Innern festzusetzen.

Mich mit meinem Schmutz annehmen

Einen anderen Weg, mit dem Schmutz in mir fertig zu werden, zeigt Jesus in der Heilung des Aussätzigen, der auf ihn zukommt und ihn bittet: »Wenn du willst, kannst du machen, daß ich rein werde.« (Mk 1,40) Der Aussätzige ist ein Mensch, der sich selbst nicht annehmen kann, weil er sich unrein fühlt. Das Schmutzige in seiner Seele, das er nicht akzeptieren kann, drückt sich in der Verschmutzung der Haut aus. Der Aussätzige macht auch andere unrein. Daher muß er sich von ihnen fernhalten. Jesus hat keine Berührungsängste. Er berührt den Aussätzigen, ohne Bedenken, daß er selber dadurch unrein werden könnte. Er antwortet auf die Bitte des Aussätzigen: »Ich will es – werde rein!« (Mk 1,41) Jesus nimmt den Aussätzigen an, wie er ist. Für ihn ist er rein. Doch der Kranke muß sich nun auch selbst annehmen. Rein und Unrein sind keine objektiven Kategorien. Sie beziehen sich vielmehr auf das Selbstverständnis des Menschen. Wer sich nicht annehmen kann, der fühlt sich unrein. Wer auch das Dunkle und Kranke in sich akzeptiert, für den verwandelt es sich in etwas Reines und Lauteres. Was abgelehnt wird, das verschmutzt mich. Was angenommen wird, wird verwandelt und gereinigt.

Als Jesus sein Wirken den Jüngern des Johannes gegenüber zusammenfaßt, da sagt er: »Geht und berichtet Johannes, was ihr hört und seht: Blinde sehen wieder, und Lahme gehen; Aussätzige werden rein und Taube hören.« (Mt 11,4f) Daß Aussätzige rein werden, ist Zeichen für das Kommen des Reiches Gottes. Die Kranken werden nicht rein durch äußere Reinigungsriten, sondern indem sie sich von Gott bedingungslos geliebt fühlen und durch Jesus befähigt werden, sich nun selbst zu lieben. Wer sich geliebt weiß und sich zu lieben vermag, der ist rein.

Wenn Jesus die jüdischen Reinheitsvorschriften genau befolgt hätte, hätte er die blutflüssige Frau wegschicken müssen, die ihn von hinten berührte. Doch Jesus läßt die Berührung zu. Indem die Frau Jesus berührt, hört ihr Blutfluß auf. Da wird sie rein. Doch Jesus vertieft die Reinigung auf der seelischen Ebene. Jesus übergeht die Berührung nicht, sondern fragt: »Wer hat mein Gewand berührt?« (Mk 5,30) Die Frau muß sich ihrer Krankheit und Unreinheit stellen. »Sie fiel vor ihm nieder und sagte ihm die ganze Wahrheit.« (Mk 5,33) Indem sie die ganze Wahrheit sagt, wird sie an Leib und Seele rein. Jesus macht ihr keinen Vorwurf, daß sie ihn berührt hat. Im Gegenteil, er erfüllt ihre tiefste Sehnsucht, bedingungslos angenommen zu werden: »Meine Tochter, dein Glaube hat dir geholfen. Geh in Frieden! Du sollst von deinem Leiden geheilt sein.« (Mk 5,34)

Das einfache und klare Auge

Seit Jahren fasziniert mich das Wort Jesu vom klaren und einfachen Auge: »Dein Auge gibt dem Körper Licht. Wenn dein Auge gesund (»haplous« – »einfältig«, »einfach«) ist, dann wird auch dein ganzer Körper hell sein. Wenn es aber krank (»poneros« – »böse«, »schlecht«) ist, dann wird dein Körper finster sein. Achte also darauf, daß in dir statt Licht nicht Finsternis ist. Wenn dein ganzer Körper von Licht erfüllt und nichts Finsteres in ihm ist, dann wird er so hell sein, wie wenn die Lampe dich mit ihrem Schein beleuchtet.« (Lukas 11,34–36) Das Auge ist einfach, wenn es rein ist, aufrichtig, klar. Diese Einfachheit war für die Essener ein wichtiges Ideal, aber auch für die griechische Philosophie. Die »haplotes«, die »Einfachheit«, meint die Aufrichtigkeit des Lebens, die innere Klarheit und Einfalt. Das Einfache ist auch das, was mit Gott eins ist. Und es ist nicht vermischt mit Bösem und Dunklem.

Für Jesus ist es der Heilige Geist, der den Menschen mit Licht erfüllt. Wenn der Mensch den Heiligen Geist in alles eindringen läßt, dann zeigt sich das an seinem Auge. Sein Auge strahlt Klarheit aus, Einfachheit, Licht. Jesus spielt hier auf eine wichtige Erfahrung an, die wir immer wieder mit Menschen machen können. Wir können es einem Menschen an seinen Augen ansehen, wie es in seinem Herzen aussieht. Es gibt strahlende und gütige Augen, einfache Augen, die Vertrauen ausstrahlen. Aber es gibt auch das böse Auge, das unreine Auge. In ihm sieht man, daß es im Herzen dieses Menschen sehr finster ist, daß es voll von Bosheit, Aggression und Gier ist. Meine Schwester erzählte mir von einem Mann: »Der sieht einen an, als ob er einen ausziehen wollte.« Sein Auge war voller Gier. Auch wenn so ein Mensch nach außen hin nichts tut, so geht das Unreine doch durch sein Auge in die Welt hinaus und verschmutzt die Menschen.

Das einfache und klare Auge

Es ist nicht nur die Bosheit, die dem Auge die Einfachheit zu nehmen vermag. Es gibt auch das unruhige Auge, das flackernde Auge, das auf eine innere Unruhe und Unzufriedenheit hinweist. Oder es gibt das fahrige Auge. Wenn jemand in sich zerrissen ist zwischen den verschiedenen Rollen, die er spielt, wenn einer nicht weiß, was er will, dann drückt sich das in einem unklaren Auge aus. Oder wenn jemand überfordert ist, sieht man es ihm am Auge an. Wir können nicht einfach unsere Augen verändern. Aber das Auge ist ein wichtiger Indikator, der uns anzeigt, wie es in unserer Seele aussieht. Und es liegt in unserer Verantwortung, wie das Innere unserer Seele beschaffen ist. Daher fordert uns Jesus auf: »Achte also darauf, daß in dir statt Licht nicht Finsternis ist.« (Lk 11,35) Im Menschen ist das göttliche Licht des Heiligen Geistes. Wir sollen das Licht des Heiligen Geistes immer mehr in uns eindringen lassen, daß es nicht nur unser Herz erleuchtet, sondern durch unser Auge auch zu einem Licht wird für unsere Umgebung.

Die Vorstellung des inneren Lichtes war für die griechische Mystik wichtig. Das Ziel des spirituellen Weges ist es, das innere Licht zu schauen. In jedem von uns leuchtet das Licht Gottes. Aber oft genug verstellen wir dieses Licht mit unserer Bosheit oder mit unserer Unbewußtheit. Dann wird das Licht in uns Finsternis. Wir sehen es nicht mehr. Es ist getrübt durch die vielen Leidenschaften und Emotionen, die sich in uns eingenistet haben. Der spirituelle Weg ist ein Reinigungsweg. Ein Kriterium, ob unsere Seele durch die Begegnung mit Gott gereinigt worden ist, ist das einfache Auge, die innere Aufrichtigkeit und Klarheit.

Für den Liebenden ist alles rein

Lukas überliefert uns die Worte Jesu über rein und unrein auf seine eigene Weise. Darin wird seine Interpretation sichtbar, die die Worte Jesu in die Denkweise seiner griechischen Leser übersetzt. Jesus wirft den Pharisäern vor, daß sie zwar die Becher und Teller von außen sauber halten: »Innen aber seid ihr voll Raubgier und Bosheit. Ihr Unverständigen! Hat nicht der, der das Äußere schuf, auch das Innere geschaffen? Gebt lieber, was in den Schüsseln ist, den Armen, dann ist für euch alles rein.« (Lk 11,39–41) Jesus sieht nach dem Lukasevangelium den ganzen Menschen. Gott hat das Innere und das Äußere geschaffen. Rein ist nur der, bei dem auch das Innere lauter ist. Das Innere macht – so sieht es die griechische Philosophie, der Lukas sich verpflichtet weiß – das Eigentliche des Menschen aus. Wenn das Innere nicht rein ist, nützen alle äußeren Reinigungsriten nichts. Rein wird der Mensch durch die Liebe. Die Liebe zeigt sich für Lukas vor allem darin, die eigenen Güter an die Armen zu verteilen. Wer also das, was er hat, den Armen gibt, für den wird alles rein. Wer die Armen liebt und ihnen seine Liebe auch durch sein Tun erweist, für den werden die Menschen rein und für den wird auch das eigene Herz rein. Das Tun der Liebe reinigt das Herz.

Man könnte das griechische Wort »enonta« (»das, was innen ist«) auch als Bild für das Innere des Menschen sehen. Dann müßte man das Wort Jesu so übersetzen: »Gebt das, was innen ist, als Almosen.« (Lk 11,41) Die Liebe würde darin bestehen, sein Herz hinzugeben, nicht nur den Menschen, sondern letztlich Gott. Rein wird der Mensch dann, wenn er sich im Innersten Gott überläßt, wenn er sein Herz Gott übergibt. Für den, der so zu lieben versteht, ist alles rein. Er wird auch durch seine Fehler und Schwächen nicht mehr unrein. Den können auch die Emotionen von außen nicht verunreinigen. Ein Herz, das liebt, sieht in allem das Gute, das Unverfälschte, das Reine, das Gott in alle Dinge und in jeden Menschen hineingelegt hat. Es ist eine radikale Aussage, die Jesus hier im Lukasevangelium macht. Da geht es nicht mehr um Reinigungsrituale, sondern um die Liebe als die eigentliche Kraft, die alles reinigt und für die alles rein ist.

Jesu reinigende Wirkung

Für das Johannesevangelium sind die jüdischen Reinheitsvorschriften kein Problem. Aber auch Johannes spricht von Reinheit und Reinigung. Den steinernen Wasserkrügen, die die jüdischen Reinigungsvorschriften symbolisieren, setzt er den Wein des Evangeliums entgegen. Wenn Gott in Jesus Mensch wird, braucht es keine Reinigungsrituale mehr. Durch die Menschwerdung wird der Mensch mit Gott eins. Das Einswerden mit Gott reinigt den Menschen und erfüllt ihn mit einem neuen Geschmack, mit dem Geschmack des Weines. (Vgl. Johannes 2,1–12) Die Vertreibung der Händler aus dem Tempel ist eine Reinigung des Tempels. Der Tempel ist hier – so sagt es Jesus selbst – ein Bild für den Leib des Menschen. Johannes führt die Tempelreinigung ein mit den Worten: »Das Paschafest der Juden war nahe.« (Joh 2,13) Am Paschafest geschieht für die Juden Reinigung. Die Reinigung des Tempels ist ein Bild für das wahre Pascha, das im Tod Jesu geschieht. Im Tod Jesu wird der menschliche Leib gereinigt von allen Leidenschaften, von allen lärmenden Gedanken, von den Händlern, die über ihn bestimmen möchten. Da werden alle Rinder, Schafe und Tauben aus dem Tempel getrieben. Der Tod Jesu ist für Johannes die Vollendung der Liebe. Im Tod erweist Jesus den Jüngern seine Liebe bis zur Vollendung. Und diese Liebe reinigt den Tempel des menschlichen Leibes. Die Rinder stehen für das Triebhafte, das durch die Liebe verwandelt wird. Die Schafe sind ein Bild für das oberflächliche Dahinleben und die Tauben für die hin und her flatternden Gedanken. Wenn der Mensch die Liebe Jesu in sich eindringen läßt, die am Kreuz für ihn sichtbar wird, dann wird der Tempel seines Leibes von Gottes Herrlichkeit erfüllt. Alles, was sich darin breitgemacht hat, wird herausgetrieben.

Daß der Tod Jesu Reinigung des Menschen bedeutet, zeigt uns Johannes in der Fußwaschung. Die Fußwaschung ist ein Bild für das, was im Tod Jesu geschieht. Da beugt sich Jesus hinab zu den Füßen des Menschen. Die Füße symbolisieren den Schmutz des Menschen, aber auch die Wunden. Denn wer barfuß durch die Wüste geht, der macht sich die Füße nicht nur schmutzig. Er zieht sich auch viele Wunden zu. Die Griechen sprechen von der Achillesferse. Und die Gnosis sieht die menschliche Ferse als Sitz der Triebkräfte, vor allem des sexuellen Triebs. Im Tod am Kreuz beugt sich Jesus bis in den Staub dieser Erde, um den Menschen dort zu reinigen, wo er sich im Umgang mit der Welt immer wieder beschmutzt. Und er neigt sich herab, um den Menschen an seiner verwundbaren Stelle zu heilen.

Als sich Petrus weigert, sich von Jesus die Füße waschen zu lassen, antwortet ihm Jesus: »Wenn ich dich nicht wasche, hast du keinen Anteil an mir.« (Joh 13,8) Durch seinen Tod am Kreuz schenkt uns Jesus Anteil an seiner Liebe. Wer diesen letzten Freundschaftsdienst Jesu, den er uns in seiner Hingabe am Kreuz leistet, ablehnt, bekommt keinen Anteil an der Herrlichkeit Gottes, die uns gerade im Tod Jesu aufleuchtet. Am Kreuz öffnet sich das durchbohrte Herz, und Blut und Wasser strömen heraus. Das ist für Johannes ein Bild für den Heiligen Geist, der in uns eingegossen wird, und für die Liebe Jesu, die wir gerade in seinem Tod in ihrer Vollendung erfahren dürfen. Als Petrus auf das Wort Jesu hin sich auch die Hände und das Haupt waschen lassen möchte, sagt ihm Jesus: »Wer vom Bad kommt, ist ganz rein und braucht sich nur noch die Füße zu waschen. Auch ihr seid rein.« (Joh 13,10) Die Exegeten rätseln über die Bedeutung dieses Wortes. Für mich heißt es, daß Jesu Wirken und Jesu Worte wie ein Bad für die Jünger waren. In der Nähe Jesu sind die Jünger rein geworden. Jesus hatte offensichtlich eine Ausstrahlung, die reinigend wirkte auf die Jünger. In der Nähe Jesu fühlten sich die Menschen rein, ganz und gar von Gott angenommen. Da waren sie nicht mehr von Schuldgefühlen infiziert. Da traten die unreinen Gedanken und Leidenschaften in den Hintergrund. Sie hatten keine Macht mehr über sie. Die Begegnung mit Jesus – so zeigt uns Johannes in der Erzählung von der Fußwaschung – möchte auch uns heute reinigen von allem inneren Schmutz, der sich immer wieder an unsere Achillesferse heftet, an unsere Schwachstellen, die den Schmutz gleichsam aus der schmutzigen Atmosphäre um uns herum anzieht. Wenn wir unsere Wunden nicht in die Liebe Gottes halten, dann ziehen sie alles Kränkende auf sich. Wir hören dann in den Worten unserer Freunde etwas Verletzendes heraus, das so gar nicht mit gemeint war. Wir meinen, die andern würden uns feindlich und ablehnend anschauen. Oder wir ziehen die negativen Emotionen unserer Umgebung auf uns. Wir beschmutzen uns immer wieder von neuem. Da brauchen wir die liebende Hand Jesu, die uns an der verwundbaren Achillesferse berührt, um unsere Wunden zu heilen, und die den Schmutz von unseren Füßen wäscht, der sich immer wieder an sie hängt.

Vom Reinigen spricht Jesus nochmals in seiner Bildrede über den Weinstock. Gott ist der Winzer. Wenn er eine Rebe sieht, die Frucht bringt, dann reinigt er sie, »damit sie mehr Frucht bringt« (Joh 15,2). Das Reinigen dient also der Fruchtbarkeit. Wenn Gott uns reinigt, dann werden wir durchlässig für seinen Geist und seine Liebe. Und dann bringt unser Leben reiche Frucht. Wenn wir unser Tun mit unseren eigenen egozentrischen Motiven vermischen, dann werden wir immer nur uns selbst darstellen. Und das wird auf Dauer keine Früchte bringen.

Immer wieder stoße ich in letzter Zeit auf das denkwürdige Wort Jesu: »Ihr seid schon rein durch das Wort, das ich zu euch gesagt habe.« (Joh 15,3) Jesus hat so zu den Jüngern gesprochen, daß sie sich rein fühlten, lauter, angenommen, bedingungslos geliebt. Wie mußten die Worte Jesu klingen, daß sie die Jünger zu reinigen vermochten? Es waren keine Worte, die verurteilen oder bewerten, keine Worte, die auf einen einhämmern, sondern Worte, die aufrichten, die ermutigen, die das Gefühl vermitteln: »Es ist gut so, wie du bist. Du darfst so sein.« Nicht nur die Worte Jesu hatten eine

Jesu reinigende Wirkung

reinigende Wirkung, sondern auch seine Stimme. Wir merken der Stimme eines Menschen an, welche Emotionen in seinem Herzen wohnen. Wir vermitteln mit unserer Stimme auch die Stimmung unserer Seele. In Jesu Stimme war offensichtlich nichts Aggressives, nichts Unklares, Verdrängtes. Es war eine Stimme, die in sich stimmig war und daher Stimmigkeit bei den Zuhörern verbreitete.

Als ich in Nürnberg Betriebswirtschaft studierte, riefen manchmal vor der Vorlesung Mitglieder des »Spartakus« ihre Parolen ins Mikrofon. Es war meistens eine sehr schrille Stimme, die die innere Zerrissenheit des Sprechenden offenbarte. Von solch einer Stimme ging nichts Vertrauenerweckendes aus. Da hatte man eher den Eindruck, daß diese Stimme die Atmosphäre verunreinigte. Denn es klang all der innere Unrat mit, der sich in der Seele des Sprechenden angesammelt hatte. Bei Jesus klang offensichtlich der innere Friede an. Und seine Stimme war voll von Liebe. Sie drang in die Herzen der Zuhörer ein und vermittelte ihnen, daß sie bedingungslos geliebt sind, daß sie rein sind und lauter, daß sie so sein dürfen, wie sie sind.

Worte können offensichtlich reinigen. Aber wenn sie zu reinigen vermögen, dann wird auch das Gegenteil möglich sein. Wenn uns ein Mensch mit einem Wortschwall überfällt, dann fühlen wir uns »wie ein begossener Pudel«. Wenn einer ständig an allem herumnörgelt, wenn Unzufriedenheit, Härte und Bitterkeit aus seinen Worten sprechen, dann fühlen wir uns beschmutzt. Jesus hat so gesprochen, daß die Jünger sich rein fühlten. Das ist für mich eine wichtige Anfrage, was meine Worte bewirken. Oft genug spüre ich, daß meine Worte nicht rein sind, daß in ihnen mein Ehrgeiz, mein Groll, meine unlauteren Absichten, meine Verletztheit mitklingen. Dann bewirken diese Worte auch bei den Hörern oder Lesern Unreinheit, Unklarheit, Verwirrung. Jesu Wort stellt jeden Prediger vor die Frage, was er mit seinen Worten bewirkt. Und so ist es eine wichtige Aufgabe, daß wir unsere Worte reinigen von allem, was sich oft unbewußt an die Worte hängt, um sie zu beschmutzen. Wir sind verantwortlich für das, was wir sagen, und für unsere Stimme, mit der die Worte im Herzen der Menschen ankommen. Wenn ich eine Moralpredigt höre, dann fühle ich mich eher beschmutzt. Ich höre dann in den fordernden Worten des Predigers seine Angst vor den eigenen Schattenseiten mit. Und in seinen Worten legt sich sein Schatten auf meine Seele und verdunkelt meine Stimmung.

Der reine Raum in unserem Innern

Der Hebräerbrief beschreibt <u>die Reinigung, die uns Christus bewirkt hat</u>, in Bildern, die uns auf den ersten Blick befremden. Da ist die Rede davon, daß der Hohepriester die Menschen reinigt, indem er sie mit dem Blut von Böcken und Stieren besprengt. Das ist für den Hebräerbrief ein Bild dafür, daß Jesus durch seinen Tod »unser Gewissen von toten Werken« reinigt. (Hebräer 9,14) Die Reinigungsrituale im jüdischen Tempel sind letztlich nur tote Werke. Mit ihnen braucht sich der Christ nicht mehr abzugeben. Die wahre Reinigung geschieht im Tod Jesu, und zwar dadurch, daß Jesus durch seinen Tod in das <u>himmlische Heiligtum</u> eingetreten ist und uns den <u>Zugang</u> zu diesem <u>Allerheiligsten</u> eröffnet hat. Wir sind aufgrund des Todes Jesu schon eingetreten in das himmlische Heiligtum. Es ist »himmlisch«, weil es dieser Welt entzogen ist. Doch es ist nicht irgendwo im Himmel, sondern es ist im menschlichen Herzen. In jedem von uns ist dieser heilige Raum, zu dem nur Christus Zutritt hat. Im Allerheiligsten, im innersten Raum seines Herzens ist jeder Mensch rein. Denn da ist Christus, der uns in seiner Hingabe am Kreuz die reine Liebe erwiesen hat. So dürfen wir zu Gott »mit aufrichtigem Herzen und in voller Gewißheit des Glaubens hintreten, das Herz durch Besprengung gereinigt vom schlechten Gewissen und den Leib gewaschen mit reinem Wasser« (Hebr 10,22). Die wahre Reinigung geschieht also im Gewissen, im innersten Raum des Menschen, im heiligen Raum des Schweigens, zu dem kein Mensch Zutritt hat, in den vielmehr Christus durch seinen Tod bei uns eingetreten ist. Dort, wo Christus in uns wohnt, sind wir rein, gereinigt durch seine Liebe.

Diese Bilder, mit denen der Hebräerbrief die Erlösung durch Jesus Christus zu erklären versucht, sind für mich Hoffnungsbilder. Sie zeigen mir, daß ich bei allem Bestreben nach Reinigung schon im Innersten rein bin. Der innere Raum des Schweigens in mir ist unbefleckt, makellos. Da thront Christus in mir. Und dort wo er in mir wohnt, komme ich in Berührung mit dem unverfälschten und makellosen Bild meines wahren Selbst. Dieses von Gott geformte Selbst ist schon rein. Der Schmutz kann das Selbst nicht verunreinigen. Er kann sich nur wie eine Staubschicht darüberlegen. Aber beschmutzen kann er es nicht. Der Glaube an diese innere Wirklichkeit befreit mich von allen selbstentwertenden und selbstzerfleischenden Stimmen. Auch wenn sich in mir viel Schmutz angesammelt hat, das innerste Heiligtum bleibt davon unberührt. Dort bin ich rein und lauter, makellos und unversehrt.

III. Bilder der Reinigung in der Bibel

Die Bibel kennt verschiedene Bilder der Reinigung. Da gibt es die Reinigung durch Feuer, Wasser, Blut und Schwert. Reinigung durch Feuer, Blut oder Schwert – das klingt für unsere heutigen Ohren sehr fremd, ja furchteinflößend. Doch in allen diesen Bildern kommt für mich etwas Wesentliches vom Geheimnis der Reinigung zum Ausdruck.

Feuer

Gold und Silber werden im Feuer geläutert. Im Psalm 66,10 heißt es: »Du hast, o Gott, uns geprüft, und uns geläutert, wie man Silber läutert.« Wenn ich Silber in das Feuer halte, kann ich nicht genau sagen, was da gereinigt werden muß. Aber wenn es der Hitze von etwa 1000 Grad ausgesetzt wird, entsteht ein Schmelzprozeß, der es verwandelt und alles Unreine ausscheidet. Für die Alchemie des Mittelalters ist das Erhitztwerden ein spiritueller Prozeß. Auch die Märchen kennen das Verwandeltwerden durch Erhitzen. Durch Erhitzen wird der Mensch von allem Triebhaften gereinigt und so zur reinen Liebe befähigt. Das Feuer gilt bei vielen Völkern als heilig, reinigend und erneuernd. Es kommt vom Himmel. Das Irdische wird durch das himmlische Feuer geläutert und gereinigt. Und auch die Asche, die nach dem Brand übrigbleibt, gilt als reinigend. In vielen Kulturen reinigte man sich mit Asche. Die Juden streuen sich Asche aufs Haupt, um ihre Bereitschaft zu Umkehr und Buße und zu innerer Läuterung auszudrücken.

Wer in die öffentliche Kritik gerät, der geht heute oft genug durch Feuer. Alles, was er geleistet hat, gilt auf einmal nichts mehr. Man schießt sich auf seine Schwachstellen ein. Man verleumdet ihn. Er kann sagen, was er will. Man glaubt es ihm nicht. Solch ein Mensch erlebt den Reinigungsprozeß durch das Feuer. Alles, was er aufgebaut hat, wird verbrannt. Sein Ruf wird Opfer des Feuers. Man kann gegen das Feuer ankämpfen. Doch dann wird man letztlich darin untergehen. Oder man kann bewußt durch das Feuer gehen und ins Feuer seine Gedanken und Gefühle, seine Leidenschaften und Motivationen hineinhalten. Dann wird man verwandelt und rein aus dem Feuer heraustreten. Alle unlauteren Absichten, die sich manchmal in das Tun gemischt haben, wurden verbrannt. Die Fassade, die man errichtet hat, wurde vom Feuer niedergerissen. Zurück bleibt der reine Kern. Es hat weh getan. Aber ich kenne Menschen, die durch solche Feuererfahrung wirklich geläutert worden sind. Sie sind nicht bitter geworden durch die Verleumdungen, sondern gehen nun gelassen und mit innerer Klarheit ihren Weg.

Wir suchen uns die Reinigung durch das Feuer nicht aus. Das wäre Masochismus. Doch manchmal greift das Feuer nach uns. Wir geraten in eine Krise. Aller Halt wird uns genommen. Alles, worauf wir gebaut haben, stürzt zusammen. Die Krise ist wie ein Feuer, durch das wir schreiten müssen. Für den einen ist es eine berufliche Krise, für den anderen eine existentielle. Einer gerät durch den Verlust der Arbeitsstelle in eine Krise, ein anderer durch eine lebensbedrohliche

Krankheit, wieder ein anderer durch das Zerbrechen seiner Ehe oder durch den Tod des Ehepartners. Gerade in Situationen, in denen wir nichts machen können, sondern einfach einer äußeren oder inneren Gefährdung ausgesetzt sind, erfahren wir die Läuterung durch Feuer. Da wird alles Unreine in uns verbrannt. Und zurück bleibt der eigentliche Personkern. Er ist wie Gold, das im Feuer geläutert wurde. Es bleibt das reine und glänzende Gold übrig. Während wir im Feuer sind, spüren wir nur den Schmerz. Da erfahren wir keine Reinigung. Aber wenn wir durch das Feuer gegangen sind, erleben wir uns wie neugeboren. Alle Schlacken, die sich um das Gold unseres wahren Selbst gelegt haben, sind verbrannt. Wir fühlen uns verwundbarer, aber auch authentischer, bescheidener und stimmiger. Gold ist ein Bild der Vollkommenheit und der Liebe. Und es ist Bild für das himmlische Licht. Wenn nach dem Feuerbrand unserer Lebenskrisen das reine Gold übrigbleibt, dann sind wir fähig zur reinen Liebe. Dann spiegelt unsere Liebe etwas vom himmlischen Glanz. Alles egozentrische Habenwollen und alle Nebenabsichten, die sich mit unserer Liebe vermischt haben, sind verbrannt.

Wasser

Im Judentum gab es viele Waschungen. Wenn sich die Juden ihre Hände schmutzig gemacht haben, wuschen sie sich, um sich für die gemeinsame Mahlzeit zu reinigen. Manche dieser Reinigungsriten sind rein hygienisch zu verstehen. Und wir sehen sie heute als Anstandsregeln an. Doch es gab auch Waschriten, die uns heute fremd sind. Eine Frau, die geboren hatte, galt als unrein. Sie mußte erst komplizierte Waschrituale durchlaufen, um sich wieder rein zu fühlen. Wer eine blutflüssige Frau oder einen Aussätzigen berührte, mußte sich waschen. Die Reinheit verstand Israel sowohl kultisch als auch sittlich. Der prophetischen Tradition war es bewußt, daß die Waschungen den Menschen nicht innerlich rein machen, wenn der Mensch nicht auch in seinem Verhalten umkehrt. Das Waschritual war Ausdruck der Bereitschaft, auch sein Herz von Fehlern zu reinigen. Doch zur Zeit Jesu war diese Einheit von kultischer und sittlicher Reinigung nicht immer bewußt. Da versteifte man sich oft auf die äußeren Waschriten. Aber auch Jesus unterzog sich dem Reinigungsbad der Taufe, die Johannes der Täufer vollzog. Reinigung ist bei den Juden oft mit dem Abwaschen von Schuld verbunden. So heißt es in Psalm 51,4: »Wasch meine Schuld von mir ab, und mach mich rein von meiner Sünde!« Die Schuld vermittelt dem Menschen offensichtlich das Gefühl, daß er schmutzig ist. So kann er sich selbst nicht annehmen. So betet der Psalmist voller Hoffnung: »Wasche mich, dann werde ich weißer als Schnee.« (Psalm 51,9) Sich weiß wie Schnee zu fühlen, das gibt ein neues Selbstwertgefühl, eine Ahnung von innerer Lauterkeit.

In allen Kulturen gilt das Bad als Ort der Reinigung, der Erneuerung und der Wiedergeburt. Nach einem Bad fühlt man sich wie neugeboren. Man hat den Eindruck, daß mit dem äußeren Schmutz auch der innere abgewaschen wurde. In der Antike hat man auch Götterstatuen gebadet, um die Beziehung zwischen Gott und den Menschen zu erneuern. Die Psychoanalyse sieht im Bad den unbewußten Wunsch, in den

Mutterleib zurückzukehren und dort die ursprüngliche Reinheit wiederzugewinnen.

Manchmal träumen wir davon, daß wir in trübem Wasser schwimmen. Das ist ein Bild dafür, daß unser Unbewußtes verunreinigt ist. Die Bibel berichtet uns davon, daß die Israeliten auf ihrem Weg durch die Wüste nach Mara kamen. Doch dort »konnten sie das Wasser von Mara nicht trinken, weil es bitter war« (Exodus 15,23). Mose wirft ein Stück Holz in das Wasser, und es wird süß. Das Bitterwasser ist ein Bild für die innere Bitterkeit, die uns das Leben schwermacht. Manchmal ist in uns eine bittere Quelle, aus der wir nicht trinken können. Das Holz, das Mose in das Wasser wirft, ist für die Kirchenväter ein Bild für das Kreuz. Wenn wir das Kreuz Jesu in unsere Bitterkeit halten, wird sie verwandelt, und wir können aus der reinen Quelle in uns trinken.

Wenn wir die Reinigung durch Wasser als ein inneres Bild verstehen, dann bedeutet es: Ich kenne genau die schmutzigen Stellen in mir. Ich erkenne, daß meine Seele verschmutzt ist durch Haß und Bitterkeit. Dann halte ich diese schmutzigen Seiten Gott hin, ich halte sie in das Bad der göttlichen Liebe, daß es mich von meiner Schuld und meinen Schuldgefühlen reinwasche. Ich spreche meine Schuld vor Gott aus oder aber vor einem Menschen, wie etwa in der Beichte. Was ich ausgesprochen habe, klebt nicht mehr an mir. Manchmal ist der Schmutz allerdings nicht so genau zu definieren. Es ist mehr eine Staubschicht, die sich auf alles gelegt hat. Ich kann es nicht in Worte fassen. Dann genügt es, mich so, wie ich bin, in Gottes Liebe zu halten. Durch das Bad der Liebe wird alles wieder rein.

Blut

Der Hohepriester besprengte alle Geräte, die für den Gottesdienst gebraucht wurden, den Tempel und das ganze Volk mit Blut. Als Begründung gibt der Hebräerbrief an: »Fast alles wird nach dem Gesetz mit Blut gereinigt, und ohne daß Blut vergossen wird, gibt es keine Vergebung.« (Hebr 9, 22) Der Hebräerbrief versteht das Blut, das Jesus für uns am Kreuz vergossen hat, als die eigentliche Reinigung von den Sünden. Und die Tradition hat dieses Bild immer wieder gebraucht: Wir sind reingewaschen durch das Blut Jesu Christi. Manchmal klingt das im Mund fundamentalistischer Christen sehr blutrünstig. Doch genau wie der Hebräerbrief im Blut Jesu nur die Erfüllung alttestamentlicher Verheißungen sieht, ohne das Wirken Jesu in dieser Sprache zu verkünden, so müssen auch wir heute das Bild vom Blut Jesu auf geistige Weise verstehen. Das Blut, das Jesus für uns vergossen hat, ist Ausdruck seiner Liebe. Jede große Liebe schenkt dem Geliebten das eigene Herzblut. Und die Liebe vollendet sich immer im Tod. Wenn die Offenbarung des Johannes also sagt, daß die Christen »ihre Gewänder gewaschen und im Blut des Lammes weiß gemacht« haben (Offenbarung 7,14), dann ist das ein Bild für die Reinigung durch die Liebe Jesu, die in seinem Tod am Kreuz bis zur Vollendung sichtbar wurde. Nicht das Blut als Blut, sondern als Ausdruck tiefster Liebe, reinigt uns.

Wenn ein Mensch blutet, sagen wir, er sei ganz blutverschmiert. Mit Blut besudelt sein ist für uns eher ein Ausdruck von Befleckτsein. Daher tun wir uns schwer mit der Vorstellung, das Blut könne reinigen. Bei den Juden war die reinigende Wirkung des Blutes auch mehr mit dem Tod des Opferlammes oder Opferstieres verbunden. Nicht das Blut als Blut reinigt, sondern weil das Tier zum Zeichen der Sühne geopfert worden ist. Der Hebräerbrief bezieht das auf den Tod Jesu, der alle alttestamentlichen Opfer ablöst. Im Tod Jesu werden wir von unserer Sünde gereinigt. Doch der Hebräerbrief mahnt uns, den Tod Jesu nicht auf der gleichen Ebene zu verstehen wie das Opfer eines Tieres. Christus ist durch sein Blut in das himmlische Heiligtum eingetreten. Dort tritt er für uns ein. Dorthin ist er uns vorausgegangen und hat uns den Zugang zum Allerheiligsten jetzt schon ermöglicht. Die Sünde ist für den Hebräerbrief weniger etwas Beschmutzendes, das gereinigt werden muß, sondern ein Hindernis, das uns den Zugang zum himmlischen Heiligtum versperrt. In der Sünde verschließen wir uns vor dem eigenen Inneren. Wir haben keinen Zugang mehr zu unserem Herzen. Durch den Tod Jesu wird die Verschlossenheit aufgebrochen, und wir bekommen wieder Zugang zu unserem Inneren. Jesus hat uns den Weg eröffnet, damit wir mit ihm ins innere Heiligtum unseres Herzens eintreten. Jesus ist der »Urheber und Vollender des Glaubens« (Hebr 12,2). Er ist in unser inneres Heiligtum getreten und hat uns den Zugang dazu eröffnet, den Weg zu unserem wahren Selbst, den inneren Raum des Heiligen, in dem wir durch ihn schon heilig sind und ganz, rein und lauter.

Es ist kein magisches Geschehen, das uns von unseren Sünden reinigt. Es geht vielmehr darum, sich und seine Schuld in die Liebe Gottes zu tauchen, die im Tod Jesu am klarsten sichtbar wird. Wenn ich mich von einem Menschen bedingungslos geliebt fühle, dann begegne ich in dieser Liebe meinen eigenen Fehlern und Schwächen und werde mir ihrer schmerzlich bewußt. Aber zugleich erfahre ich auch, daß ich mit diesen Begrenzungen, ja mit meiner Schuld vom andern angenommen bin. Seine Liebe ist stärker als meine Schuld. Ich weiß mich mit meiner Schuld geliebt. Und so fühle ich mich trotz meiner Schuld rein. Die Liebe des Freundes oder der Freundin reinigt mich vom Schmutz, der sich durch die Schuld in mir ausgebreitet hat. So ist es auch mit der Liebe Jesu Christi. Sie vollendet sich in seiner Hingabe am Tod. Wenn ich diese Hingabe Jesu meditiere, wenn ich mir vorstelle, daß Jesus am Kreuz selbst seine Mörder noch geliebt hat, dann fallen alle Selbstbeschuldigungen von mir weg. Die Schuld, die an mir klebt, löst sich auf. Ich fühle mich eingetaucht in die Liebe des gekreuzigten Jesus rein und lauter.

Schwert

Die Bibel spricht vom Wort Gottes als vom zweischneidigen Schwert, das alles auseinanderschneidet, was nicht zusammengehört. Jesus wird in der Kunst oft mit einem zweischneidigen Schwert dargestellt. Die Darstellung geht auf die Offenbarung des Johannes zurück, in der es von dem auf dem Thron sitzenden Christus heißt: »In seiner Rechten hielt er sieben Sterne, und aus seinem Mund kam ein scharfes, zweischneidiges Schwert.« (Offb 1,16) Mit diesem zweischneidigen Schwert scheidet Christus als der Weltherrscher die Gerechten von den Ungerechten. Und er schlägt damit die Völker – damit ist gemeint: alles, was Gott widerstreitet. Daß die Offenbarung des Johannes hier keinen kriegerischen Kampf mit

Waffen meint, wird klar, wenn wir den Kontext anschauen. Da heißt es von dem, der auf dem weißen Pferd sitzt: »Bekleidet war er mit einem blutgetränkten Gewand; und sein Name heißt ›Das Wort Gottes‹.« (Offb 19,13) Das Wort Gottes ist wie ein zweischneidiges Schwert, das im Menschen das Gute vom Bösen scheidet, das Helle vom Dunklen.

Jesus selbst sagt von sich: »Denkt nicht, ich sei gekommen, um Frieden auf die Erde zu bringen. Ich bin nicht gekommen, um Frieden zu bringen, sondern das Schwert.« (Mt 10,34) Manche Worte Jesu sind wie ein Schwert. Sie beruhigen nicht das Herz, sondern wühlen es auf. Sie stellen uns vor die Entscheidung für ihn oder gegen ihn, für das Leben oder gegen es. So ein Schwertwort ist etwa: »Wer Vater und Mutter mehr liebt als mich, ist meiner nicht würdig.« (Mt 10,37) Solche Worte dringen wie ein Schwert in mein Herz. Sie verlangen nach einer eindeutigen Antwort. Ich muß mich entscheiden, ob ich mich auf diesen Jesus einlasse oder einfach nur bequem meinen Weg weitergehen möchte.

Der Gedanke vom Wort Gottes als dem zweischneidigen Schwert ist in der Bibel weit verbreitet. Im Neuen Testament hat es neben dem Epheserbrief vor allem der Hebräerbrief entfaltet. Der Epheserbrief spricht von der geistigen Waffenrüstung des Christen: »Nehmt den Helm des Heils und das Schwert des Geistes, das ist das Wort Gottes.« (Epheser 6,17) Im Wort ist der Geist Gottes wirksam und scheidet in der Welt alles, was Gottes Geist widerspricht. Der Hebräerbrief sagt vom Wort Gottes: »Lebendig ist das Wort Gottes, kraftvoll und schärfer als jedes zweischneidige Schwert; es dringt durch bis zur Scheidung von Seele und Geist, von Gelenk und Mark; es richtet über die Regungen und Gedanken des Herzens.« (Hebr 4,12) Dieser Gedanke des Hebräerbriefes ähnelt Vorstellungen, die der griechisch-jüdische Philosoph Philo vom Wort als dem Schwert entwickelt hat. Das Wort ist der »Teiler aller Dinge«. Es teilt »die Seele in den vernünftigen und unvernünftigen Teil, die Sprache in Wahrheit und Lüge.« (Gräßer I, 233) Das Schwert scheidet nicht die Seele vom Geist und nicht das Gelenk vom Mark. Vielmehr sind diese vier Begriffe Bilder für »existentielle Lebensvollzüge« (Gräßer I, 235). Das Wort dringt bis in die feinsten Regungen des Geistes und der Seele ein, und es durchdringt auch den Leib des Menschen, das Innerste seiner Emotionen und Leidenschaften. Und das Wort Gottes ist Richter über unsere Gedanken und Regungen. Das Wort Gottes deckt die verborgenen Gedanken und Gefühle, die Willensregungen und die Überlegungen des Herzens auf und zeigt, ob sie zum Leben führen oder nicht.

Oft sind unsere Emotionen vermischt mit den Emotionen anderer. Unsere gute Absicht ist vermischt mit egoistischen Motiven. Unsere Liebe ist vermischt mit Besitzansprüchen und aggressiven Impulsen. Das Wort Gottes ist wie ein Schwert, das in mir scheidet, was sich vermischt hat. Es scheidet die reine Liebe von den Verunreinigungen egozentrischen Kreisens um mich selbst. Es scheidet das Helfenwollen von den Machtansprüchen, das Nachgeben von Feigheit, das Kämpfen von der Angst, die sich oft genug in den Kampf mischt. Die Frage ist, wie das Wort das Vermischte in mir zu scheiden vermag. Wenn mich ein Wort ins Herz trifft, dann erlebe ich es manchmal als scheidend. Auf einmal wird mir alles klar. Mir wird klar, wie vermischt meine Liebe war, wie sich in meine Arbeit Ehrgeiz und Habgier hineingemischt haben. Ein klares Wort kann das Getrübte in mir klären. Es ist wie ein Scheiden. Und manchmal tut dieses Scheiden weh. Daher ist das Bild des zweischneidigen Schwertes angemessen. Das Wort dringt in mein Inneres ein wie ein Schwert. Und es bleibt eine Wunde. Denn es tut weh, wenn ich erkennen muß, wie sich sogar in die heiligsten Absichten Unlauteres hineinmischt.

In dem berühmten Meditationsbild des hl. Klaus von der Flüe ist Christus mit einem zweischneidigen Schwert dargestellt. Wer das Bild anschaut, der ahnt etwas von der klaren und scheidenden Kraft, die von Christus ausgeht. An Jesus scheiden sich meine Gedanken. So hat es der greise Simeon von Jesus verkündet: »Er wird ein Zeichen sein, dem widersprochen wird. Dadurch sollen die Gedanken vieler Menschen offenbar werden.« (Lk 2,34f) Jesus kann man nicht unverbindlich anschauen. Wenn ich mich auf ihn einlasse, dann werden in mir die Gedanken geschieden. Da wird offenbar, welche Gedanken von Gott kommen und welche von den Dämonen, welche zum Leben führen und welche zum Tod. Zu Maria sagt Simeon: »Dir selbst aber wird ein Schwert durch die Seele dringen.« (Lk 2,35) Die Mutter, die Jesus am nächsten steht, erfährt ihren eigenen Sohn wie ein Schwert. An Jesus scheiden sich auch ihre Gedanken. Da erkennt sie, was es heißt, sich bedingungslos auf Gott einzulassen, und welche inneren Hindernisse sie davon abhalten möchten.

IV. Der Weg der Reinigung in der mystischen Tradition

In der mystischen Tradition war Reinigung immer ein Zentralthema. Wer sich Gott nahen wollte, der mußte sich vorher reinigen von Leidenschaften, von Sünde und Schuld. Schon die griechischen Mystiker beriefen sich dabei auf das Wort Jesu: »Selig, die reinen Herzens sind; denn sie werden Gott schauen.« (Mt 5,8) Wer sich auf den Weg der Gotteserfahrung, der Erleuchtung und der Vereinigung mit Gott macht, der muß zuerst den Weg der Reinigung gehen. Für Clemens von Alexandrien (um 150 bis 215 n. Chr.) ist die Reinigung von den Leidenschaften die Bedingung für die Kontemplation. Clemens spricht als erster christlicher Theologe von der »apatheia«, von der Leidenschaftslosigkeit, als der Bedingung für die Kontemplation, für die »theoria«, wie er die reine Gottesschau nennt. Er spricht von der »kataleptike theoria«, von einer Schau, die die Wirklichkeit so, wie sie ist, erfaßt. Wer die Apatheia erlangt, der kann die Menschen objektiv sehen, ohne seine eigenen Schattenseiten in sie hineinzuprojizieren. Er kann eine Situation richtig einschätzen, ohne sich emotional in sie hineinverwickeln zu lassen. Diese klare Schau der Wirklichkeit der Welt und der Wirklichkeit Gottes ist nur denen möglich, die reinen Herzens sind. Die Freiheit von den ungeordneten Leidenschaften führt nicht zur Gefühllosigkeit, sondern zu einem Zustand innerer Klarheit. Für den amerikanischen Theologen Peter Brown ist die Apatheia des Clemens nicht gleichbedeutend mit Gefühllosigkeit, sondern »ein Zustand endgültiger Klarheit des

Ziels«. Die Leidenschaften, von denen Clemens schreibt, sind »nicht das, was wir Gefühle zu nennen geneigt sind, sondern vielmehr Komplexe, die den wahren Ausdruck von Gefühlen« verhindern (Brown 145). Die Leidenschaften »lassen sich am besten als im Ego aufgebaute Tendenzen ansehen, die den Weisen dazu zwingen konnten, auf eine Situation im Übermaß zu reagieren, sie mit einer Ladung persönlicher, egoistischer Bedeutung zu besetzen, die ihre wahre Bedeutung verzerrte« (Brown 144).

Die Leidenschaften färben meine Brille, mit der ich die Wirklichkeit wahrnehme. Ich sehe die Wirklichkeit nicht so, wie sie ist, sondern durch die Brille meiner Angst oder meines Ehrgeizes oder meiner Eifersucht. Von diesen Leidenschaften muß sich der Christ reinigen, um die wahre Gnosis, die reine Schau Gottes, zu erlangen. Die wahre Gnosis ist aber auch die Fähigkeit, die Wirklichkeit so zu sehen, wie Gott sie geschaffen hat. Wer von den Leidenschaften beherrscht ist, schafft die Welt nach seinem eigenen Bilde. Er legt etwas in sie hinein, was gar nicht drin ist. Der spirituelle Weg zur Apatheia ist kein Wüten gegen den Leib, sondern ein sorgfältiger und liebevoller Umgang mit ihm. Clemens von Alexandrien war ein Künstler, der mit dem Leib genauso liebevoll umging wie mit jedem Wort. Das Ziel dieses ausgewogenen Umgangs war »die unendlich kostbare Klarheit und Heiterkeit der Sicht..., die mit dem ›leidenschaftslosen Zustand‹ verbunden war« (Brown 144).

Für Gregor von Nyssa († um 394) ist die Reinigung nicht die Vorbedingung für Kontemplation, sondern sie schenkt uns schon Anteil an Gott. Denn Gott ist reines Sein, »puritas essendi«. Gregor spricht von der »katharotes«, »der strahlenden Reinheit Gottes« (Brown 310), für die der menschliche Leib ein Spiegel ist. Peter Brown spricht von der Faszination des verheirateten Bischofs von Nyssa für seine Schwester Makrina, die bewußt jungfräulich lebte. Der jungfräuliche Leib seiner Schwester war für Gregor »der unbefleckte Spiegel« für das blendende Licht von Gottes Reinheit. Die Bestimmung des Menschen besteht darin, in seinem Leib und seiner Seele die Reinheit Gottes widerzuspiegeln. Reinheit ist für Gregor »ein Zustand schattenloser Klarheit« und »wie das durchscheinende Strahlen eines stillen Mittagshimmels« (Brown 304). Gregor führt die Bitte um Reinigung auf Jesus zurück. An die Vaterunserbitte im Lukasevangelium fügt er an: »Dein Heiliger Geist komme über uns und reinige uns.« Die Sehnsucht nach der reinen Klarheit von Leib und Seele war für Gregor so zentral, daß er sie in das Gebet Jesu selbst hineinnahm, das die Christen täglich mehrmals beteten. Der Heilige Geist soll alles Befleckte an uns reinigen, damit unser Leib und unsere Seele Gottes Reinheit in unendlicher Klarheit widerspiegeln. Man merkt den Worten des Bischofs von Nyssa die Sehnsucht an, mit der er sich nach dieser Reinheit Gottes sehnte.

Apatheia und Reinheit des Herzens – die Mönchsväter

Bischof Athanasius (295 bis 373) hat über den ersten christlichen Mönch, Abba Antonius († 356), eine Biographie geschrieben, die damals eine große Begeisterung für das Mönchtum auslöste. Antonius hatte seine Habe hergegeben und sich zwanzig Jahre lang in einem einsamen Kastell eingeschlossen. Als die Freunde die Tür seiner Behausung aufbrachen, »da trat Antonius wie aus einem Heiligtum hervor, eingeweiht in tiefe Geheimnisse und gottbegeistert... Die Verfassung seines Innern aber war rein; denn weder war er durch den Mißmut grämlich geworden noch in seiner Freude ausgelassen.« (Kapitel XIV) Die Einsamkeit hat den großen Mönchsvater innerlich gereinigt. Unter Reinheit versteht Athanasius hier den Menschen, der »ganz Ebenmaß« ist, »gleichsam geleitet von seiner Überlegung, und sicher in seiner eigentümlichen Art« (ebd.). Antonius ist also nicht von Leidenschaften hin- und hergerissen. Sein Denken ist nicht getrübt durch Bitterkeit oder Euphorie. Er ist ganz und gar von der Vernunft geleitet und ganz er selbst. Er ist frei von dem Drang, sich nach außen irgendwie darstellen zu müssen. Er ist, wer er ist. Er steht in sich. Er ruht in Gott. Reinheit ist also Klarheit und Freiheit von allen Erwartungen an die Menschen und von dem Druck, sich beweisen zu müssen.

Evagrius Ponticus, der bedeutendste Mönchsschriftsteller aus dem vierten Jahrhundert, hat eine eigene Vorstellung von Reinheit entwickelt. Für ihn ist der Kampf mit den Leidenschaften und der Umgang mit den Gedanken und Gefühlen die Voraussetzung, um von ihrer Herrschaft frei zu werden. Reinheit ist letztlich Freiheit von der Macht der Leidenschaften. Evagrius verwendet für diesen Zustand in der Nachfolge des Clemens von Alexandrien ebenfalls den Begriff »Apatheia«. Es ist ein Zustand, in dem die »pathe«, die »Leidenschaften«, die Seele nicht mehr bestimmen. Die Vorsilbe »a« meint die

Freiheit, das Losgelöstsein von den Leidenschaften. Es bedeutet nicht das Verschwinden der Leidenschaften. Denn die Pathe gehören wesentlich zum Menschen. Aber es ist ein Zustand des Nichtgebundenseins, der Freiheit von der pathologischen Abhängigkeit von Leidenschaften.

Der Weg zur Apatheia, die Evagrius oft auch Herzensreinheit nennt, ist die genaue Beobachtung der Gedanken, der Emotionen und Leidenschaften. Evagrius nennt sie »logismoi«, gefühlsbetonte Gedanken, Überlegungen, mächtige Gedankengänge, die durch das Herz fließen und oft genug aufgeladen sind mit fremden und feindlichen Kräften. Nur wer seine Emotionen genau analysiert, wer erkennt, welche Emotionen in welchen Situationen auftauchen und wie sie miteinander zusammenhängen, der kann Abstand zu ihnen gewinnen und von ihrer Macht frei werden. Aber auch die Askese, wie Fasten, Nachtwachen und Handarbeit, hat für Evagrius eine reinigende Wirkung. »Das asketische Leben ist die geistliche Methode, den affektiven Teil der Seele zu reinigen.« (Praktikos, Kapitel 78) Askese ist »eine Methode, die durch Sublimierung und das In-Ordnung-bringen der Emotionen ... zur Reinheit des Herzens führen soll.« (Bamberger 8)

Die Askese bezieht sich für die frühen Mönche nicht nur auf die Gedanken und Gefühle, sondern auch auf den Leib. Aber sie wütet nicht gegen den Leib. Vielmehr haben die Mönche ihren Leib als wichtigen Partner auf dem geistlichen Weg erkannt. Ein Mönchsvater spricht von seinem Leib, »den Gott mir als Feld zur Bebauung gewährt hat, auf dem ich arbeiten und reich werden soll« (Horsiesius, bei Brown 249). Die Askese beginnt beim Leib und führt über ihn zur Reinigung des Geistes. Die Wüste führte die Mönche zu der für spätantike Denker erstaunlichen Erfahrung, »daß der unsterbliche Geist durch Lehm gereinigt und geläutert werden kann« (Johannes Climacus, bei Brown 250). Das ist auch für uns eine wichtige Erfahrung. Der Weg der Reinigung muß beim Leib beginnen und von dort aus die Seele läutern. Das kann bei der Ernährung ansetzen oder beim Fasten oder bei der Handarbeit. Der Leib muß in Ordnung kommen, damit auch die Seele die ihr angemessene Struktur findet.

Die Apatheia ist für Evagrius zugleich Liebe. Wer die Apatheia erlangt hat, der liebt nicht nur seinen Nächsten, er ist zur Liebe geworden. Er trägt in sich die göttliche Liebe, die zu allem hinfließt, was ihm begegnet. Und Apatheia äußert sich in einem tiefen Frieden der Seele. Dieser Friede entsteht durch die volle und harmonische Integration des emotionalen Lebens. Die Emotionen und Leidenschaften haben den Menschen nicht mehr im Griff, sondern sie dienen ihm. Er kann mit ihnen umgehen. Und sie sind alle von der Liebe durchdrungen und dadurch verwandelt. Apatheia und Liebe sind für Evagrius letztlich identisch. Die wahre Liebe erlangt der Mensch nur, wenn er zur Apatheia vorgedrungen ist. Liebe und Apatheia stützen sich gegenseitig.

Evagrius zählt viele Merkmale auf, die auf das Vorhandensein der Apatheia hinweisen. Ob einer Apatheia erlangt hat, erkennt Evagrius auch an den Träumen. Wenn die Träume frei sind von ungeordneten Gemütsbewegungen, dann weist das darauf hin, daß jemand die Apatheia erreicht hat. Ein anderes Merkmal für die Apatheia ist, daß der Mensch von leidenschaftlichen Regungen frei bleibt, auch wenn er einem Menschen begegnet, der ihn früher geärgert und aus der Fassung gebracht hat. Und zur Apatheia gehört, daß der Mönch auch vom Groll frei bleibt, wenn er sich an verletzende Situationen aus der Vergangenheit erinnert. Er kann über die Kränkungen nachdenken, ohne sich wieder gekränkt zu fühlen. Ein weiteres Merkmal für die Apatheia ist die Fähigkeit, ohne Zerstreuung beten zu können. Sie dient also dem Gebet und der Kontemplation. Sie ist die Voraussetzung, daß einer im Gebet ganz eins wird mit Gott. Evagrius spricht vom reinen Gebet. Er hat die Stufen zu diesem reinen Gebet genau beschrieben. Zunächst tauchen im Gebet Ärger und Groll auf, dann unsere Sorgen, dann die vielen Gedanken, die ohne große Gefühlsregungen in uns hin- und herschweifen. Dann treten fromme Gefühle auf, dann haben wir schöne Bilder von Gott. Doch das reine Gebet übersteigt alle diese Gedanken, Gefühle und Bilder, um im Ruhen des Geistes eins zu werden mit Gott. Die Apatheia ist die Bedingung für das reine Gebet, in dem der Mensch ohne Bilder und Formen eins wird mit dem formlosen Gott. Dabei meint Evagrius immer den dreifaltigen Gott. Kontemplation ist Hineingenommenwerden in die Liebe des dreifaltigen Gottes.

Zur Apatheia gehört für Evagrius auch, daß die Seele ihr eigenes Licht zu sehen beginnt. Das innere Licht zu sehen, ist Ziel der byzantinischen Mystik. Es ist auch eine wichtige Vorstellung in der hinduistischen Mystik. Es geht darum, das wahre Selbst zu sehen, das ursprüngliche glänzende Bild, das Gott sich von mir gemacht hat. Apatheia ist für Evagrius auch die Gesundheit der Seele. In ihr kommt der Mensch mit seinem wahren Selbst in Berührung. Da wird er ganz er selbst, da erfährt er den Einklang mit sich selbst, mit dem klaren und ungetrübten Bild, das Gott in seine Seele eingeformt hat.

Aber der Mönch soll sich immer bewußt sein, daß in seinem emotionalen Bereich immer wieder »Gedanken entstehen, die die Klarheit seines Geistes trüben« (Praktikos, Kapitel 74). Die Apatheia ist kein Dauerzustand. Die Dämonen versuchen sie immer wieder zu stören und den Mönch aus seinem inneren Frieden zu vertreiben.

Johannes Cassian (um 365 bis 430), der Schüler des Evagrius, übersetzt den Begriff der Apatheia mit »puritas cordis«, Reinheit des Herzens. Das Ziel des spirituellen Weges ist für Cassian das Reich Gottes oder die Schau Gottes. Die Reinheit des Herzens ist für ihn die Voraussetzung, das Reich Gottes zu erlangen und Gott zu schauen. Die Reinheit des Herzens ist gleichsam das Nahziel. Und alle Anstrengungen dienen dazu, die Reinheit des Herzens zu erwerben: »Alles also müssen wir wegen der Reinheit tun und anstreben. Für diese müssen wir die Einsamkeit suchen, für sie müssen wir das Fasten, die Nachtwachen, die Arbeiten, Blöße des Körpers, die Lesungen und übrigen Tugendübungen auf uns nehmen, damit wir nämlich durch dieselben unser Herz von allen gefährlichen Leidenschaften frei machen und bewahren können und auf diesen Stufen zu der Vollkommenheit der Liebe aufstreben und aufsteigen.« (Grün, Reinheit des Herzens 13) Die Schau Gottes ist immer Gnade. Wir können sie durch keine Technik erreichen. Doch die Reinheit des Herzens können wir anstreben. Sie verlangt Anstrengung.

Cassian versteht die Reinheit des Herzens zunächst als Reinheit des Willens. Sie besteht in der Bereitschaft, Gottes

Willen zu tun, ohne egoistische Nebenabsichten. Die Reinheit des Willens verlangt die Freiheit von den Fehlhaltungen und Lastern, von Leidenschaften und heftigen Emotionen. Wenn der Mönch die Leidenschaften besiegt hat, dann wird er fähig, innerlich ruhig zu werden. Reinheit des Herzens ist also innere Ruhe.

Ein wesentliches Kennzeichen für die Reinheit des Herzens ist die Absichtslosigkeit. Ich will nichts Bestimmtes. Ich bin einfach da. Ich bin reine Präsenz. Diese Absichtslosigkeit bezieht sich auf menschliche Begegnungen. Ich begegne dem andern, ohne ihn für mich zu erobern oder ihn für meine Zwecke einzuspannen. Ich bete absichtslos. Ich falle vor Gott nieder, weil er Gott ist. Ich benutze Gott nicht, damit es mir besser geht. Ich will nicht seine Gaben, sondern ihm begegnen, so wie er ist. Manche können sich diese Absichtslosigkeit zwar gut vorstellen in der Begegnung mit einem Menschen oder mit Gott. Aber sobald es um ihre Arbeit geht, meinen sie, müßten sie doch genau planen und bestimmte Absichten verfolgen. Natürlich hat die Arbeit ein Ziel. Absichtslosigkeit meint nicht, daß ich einfach so dahin arbeite, ohne zu überlegen, ob es sinnvoll oder effektiv ist. Die Absichtslosigkeit bezieht sich vielmehr auf die Nebenabsichten. Ich lasse mich ganz auf die Arbeit ein, ohne auf die Wirkung zu schielen, die ich damit bei anderen erziele. Ich tue mein Werk, weil es sinnvoll ist, weil es gebraucht wird. Aber ich möchte mich nicht selbst damit interessant machen. Evagrius hat diese Absichtslosigkeit in allem Tun so beschrieben: »Ein Mensch, dessen Leben fest auf den Tugenden gründet und der ganz von ihnen durchdrungen ist, denkt nicht mehr an Gesetz, Gebot, oder Strafe. Er redet und handelt ganz aus dieser seiner Haltung heraus, die ihm zur Gewohnheit geworden ist.« (Praktikos, Kapitel 70) Bei seinem Handeln denkt der Mönch nicht an eine Forderung oder an eine mögliche Strafe. Er ist ganz in seinem Tun. Sein Tun fließt aus der Haltung der Apatheia, der inneren Freiheit, der Reinheit des Herzens.

Für Cassian ist die Reinheit des Herzens vor allem Liebe, und zwar reine Liebe, Liebe, die frei ist von Vermischungen. Dieser Liebe geht es nur noch um Gott. Der Mensch, der die Reinheit des Herzens erlangt hat, möchte ganz und gar durchlässig sein für die Liebe Gottes. Diese Liebe gilt dann allen Menschen. Sie gilt aber genausogut auch dem eigenen Leib, dem einen Selbst, und sie gilt der ganzen Schöpfung. Es ist die Erfahrung, allem gegenüber mit einem tiefen Wohlwollen zu begegnen, sich mit allem verbunden zu fühlen und alles mit der Liebe zu durchdringen, die man in seinem Herzen als Geschenk Gottes erfährt.

Die Reinheit des Herzens zu besitzen bedeutet für Cassian des weiteren ein immerwährendes Denken an Gott. Die Reinheit des Herzens führt zur Reinheit des Verstandes. Doch die Reinheit des Verstandes kann immer wieder verunreinigt werden. Die Reinheit des Herzens gibt der Reinheit des Verstandes Festigkeit und Dauer. Das Herz als die Wurzel aller Seelenkräfte muß rein sein, wenn die Reinheit dauern soll. Der Geist kann nur an Gott denken, wenn er von Liebe erfüllt ist. So ist auch die Reinheit des Verstandes letztlich Ausdruck der reinen Liebe, zu der uns die Reinheit des Herzens befähigen möchte. Die Reinheit des Herzens führt bei Cassian zum Vergessen aller früheren Sünden. Der Mensch zerfleischt sich nicht mehr mit Schuldgefühlen wegen seiner

Sünden. Er ist innerlich rein geworden, offen für das unablässige Gebet. Die Reinheit des Herzens führt zur Liebe, zum inneren und unablässigen Gebet und zur Einigung mit Gott.

Die Bewegungen der Katharer und Puritaner

Im 12. Jahrhundert entstanden in Südfrankreich Zentren von Christen, die sich bewußt »Katharer«, die »Reinen«, nannten. Sie beriefen sich auf Origenes. Doch sie entwarfen einen Dualismus, der Origenes fremd war. Gott, dem Reinen, stand die Gegenmacht des Bösen gegenüber. Die Katharer kritisierten die Amtskirche mit ihrem übergroßen Pomp. Das unwürdige Leben vieler Kleriker bewies für sie die Ungültigkeit ihrer Lehre. Die Katharer gliederten sich in zwei Gruppen, in die »perfecti«, die guten Christen, die sich einer harten Askese unterwarfen und auf jede sexuelle Betätigung verzichteten, und die »credentes«, die »Glaubenden«, die noch in der Welt lebten. Letztere bewunderten die »guten Christen« und hatten teil an ihrem Ideal, auch wenn sie es selbst nicht verwirklichten. Frauen waren bei den Katharern gleichberechtigt und galten als ebenso geisterfüllt wie die Männer. Diese Haltung war für viele Frauen faszinierend. Sie zogen genauso wie die Männer zu zweit durch das Land und predigten.

Die Kirche hat die Katharer hart verfolgt und letztlich ausgerottet. Doch die gewaltsame Ausrottung zeigt, daß die Katharer ein Stachel waren, der die Kirche ständig an die Verunreinigung ihrer Lehre und Praxis durch Machtansprüche und weltliche Begierden erinnerte. Franziskus und Dominikus haben Anliegen der Katharer aufgegriffen und sie in ihre Ordensregel einfließen lassen. Die Katharer blieben letztlich eine dauernde Herausforderung an die Kirche. Manche ihrer Anliegen wurden von mystischen Bewegungen, wie den Beginen und der spanischen Mystik aufgegriffen. Die Großkirche dagegen hat das Anliegen der Katharer nach Reinheit der Lebensführung psychologisch gesehen letztlich »abgespalten«. Das führte zur Verketzerung der Katharer. Ihr Name wurde zu »Ketzer« umgedeutet. Und es führte zur übertriebenen Betonung des Teufels und letztlich zur entsetzlichsten Verirrung des christlichen Abendlandes: zum Hexenwahn und zur Hexenverbrennung. Die Kirche hat schließlich selbst vollzogen, was sie den Katharern vorwarf: Sie hat einem strikten Dualismus gehuldigt: Das Dunkle hat sie in die Hexen hineinprojiziert und es auszurotten versucht. Damit hat sie unendliches Leid verursacht. Statt die Katharer zu bekämpfen, gilt es, wie Franziskus und Dominikus, ihr Anliegen in die kirchliche Praxis zu integrieren. Die Katharer zeigen, daß die Sehnsucht nach Reinheit im Menschen nicht ausgerottet werden kann und darf. Ihr muß die christliche Lehre und Praxis eine angemessene Antwort geben.

Haben sich die Katharer selbst mit diesem Namen bezeichnet, so wurden die Puritaner im 16. Jahrhundert von ihren Gegnern mit diesem Namen belegt. Aber was im 12. Jahrhundert in der katholischen Kirche geschah, das wiederholte sich in ähnlicher Weise in der protestantischen Kirche Englands. Die Puritaner predigten den Gläubigen eine Religion des Wortes. Der Sonntag diente nur noch der Meditation des göttlichen Wortes. Alle künstlerischen Äußerungen, alle traditionellen Bräuche und auch sportliche Veranstaltungen wurden verboten. Doch wie alle Reinheitsbewegungen führte auch der Puritanismus zur Spaltung. Im englischen Bürgerkrieg kämpften die Puritaner unter Führung Cromwells gegen die royalistische Partei. Nach seinem Sieg schaffte Cromwell sogar das Weihnachtsfest ab und ließ alle Theater schließen. Jede Bewegung, die das Unreine völlig abspaltet, wirkt spaltend. So war es auch mit dem Puritanismus. Noch heute gilt »Puritaner« häufig als Schimpfwort. Man belegt in Amerika mit diesem Wort vor allem Christen, die die Sexualität verteufeln und dennoch immer mit ihr beschäftigt sind, indem sie bei anderen nachschnüffeln, wie ihr Sexualleben aussieht. Der Puritanismus führt oft zur Scheinheiligkeit. Das Unreine im eigenen Herzen verdrängt man, um es auf andere zu projizieren und sie mit recht »unreinen« Methoden zu bekämpfen.

Doch immer wenn wir auf andere schimpfen, offenbaren wir, daß uns etwas anzieht, was die anderen verkörpern. Und manch einer, der andere als Puritaner abqualifiziert, zeigt damit, daß er von der Sehnsucht der Puritaner nach einem authentischen Leben verunsichert ist und daß er diese Sehnsucht bei sich selbst abspaltet. Die Bewegungen der Katharer und der Puritaner sind eine bleibende Herausforderung für die christlichen Kirchen. Es geht nicht darum, die Sehnsucht nach Reinheit zu unterdrücken. Aber es hilft auch nicht weiter, wenn ich mich mit meinem spirituellen Weg über andere stelle und auf die »Traditionalisten« herabschaue. Entscheidend ist, daß ich die Sehnsucht nach Reinheit mit meinem konkreten Zustand, in dem ich mir die Hände immer wieder schmutzig mache, verbinde. Anstatt ein absolutes Reinheitsideal anzustreben oder aber zu verteufeln, geht es darum, immer wieder durch den Schmutz hindurchzugehen, um mich auf den Prozeß der Reinigung einzulassen. Absolut rein werden wir erst im Tode werden, wenn Gottes Liebe uns für immer läutert.

Die dunkle Nacht bei Johannes vom Kreuz

Beim Thema Reinigung kann man am spanischen Mystiker Johannes vom Kreuz (1542 bis 1591) nicht vorbeigehen. Er hat den Prozeß der Läuterung am ausführlichsten in seinem Buch »Die dunkle Nacht« beschrieben. Der Weg zu Gott führt durch die dunkle Nacht, in der die Gottesbilder und Selbstbilder gereinigt werden. Ohne diese innere Läuterung können wir uns Gott nicht nahen. Für mich ist Johannes vom Kreuz höchst aktuell. Denn ich nehme wahr, daß viele spirituelle Wege, die heute angeboten werden, die nötige Schattenarbeit nicht leisten. Und so führen diese Wege die Menschen in die Irre. Viele meinen, sie würden Gott auf ihrem geistlichen Weg finden. Aber sie landen nur bei ihren eigenen Projektionen.

Johannes vom Kreuz schildert fünf Gefahren, die den geistlich Suchenden auf seinem Weg zu Gott heimsuchen. Am Beginn des geistlichen Weges verwöhnt Gott den spirituell Suchenden. Er läßt ihn seine Nähe kosten. Lange Zeiten im Gebet machen ihm nichts aus. Im Gegenteil: er kann nicht genug beten. Er erfährt beim Beten und Meditieren innere Befriedigung. Doch dann entzieht Gott sich dem Beter, um ihn von all seinen Anhänglichkeiten zu befreien. Es beginnt die dunkle Nacht der Sinne. Auf einmal findet der Beter keinen Geschmack mehr an Gott und an der Meditation. Alles erscheint ihm dunkel. Das ist für Johannes ein Zeichen, daß Gott den Beter befreien möchte von der Überheblichkeit, die sich leicht einschleicht, wenn man die Gebetserfahrungen genießt. Viele meinen, sie würden Gefallen an Gott finden. Aber in Wirklichkeit stellen sie sich über die anderen Menschen, die nicht beten. Sie gehen ihren spirituellen Weg, um sich als etwas Besonderes zu fühlen. Das ist für sie Motivation, jeden Tag zu meditieren und ihr ganzes Leben umzustellen. Doch sie werden auf diesem Weg nicht gereinigt, weil ihre tiefste Motivation ist: sich als die eigentlich spirituellen Menschen zu verstehen, die denen, die den üblichen Weg gehen, haushoch überlegen sind. Ich erlebe heute häufig Menschen, die sich als Schüler eines Meisters verstehen und sich dann über all die andern stellen, die ihrer Meinung nach von Spiritualität letztlich keine Ahnung haben. Doch wenn sich ihr Geist nicht reinigt, führt sie der spirituelle Weg nicht zu Gott, sondern immer nur in das eigene Herz, das oft genug voller Aggression und Überheblichkeit ist.

Die zweite Gefahr, die Johannes vom Kreuz sieht, ist, das Wonnegefühl mit Gott zu verwechseln. Solche Menschen zeigen ihre Frömmigkeit nach außen. »Sie gefallen sich in dem, was die Menschen von ihnen denken, ja oft sind sie darauf versessen.« (Johannes vom Kreuz 36) Wenn sie beichten, möchten sie ihrem Beichtvater imponieren. Wenn sie Fehler machen, »ärgern sie sich voller Ungeduld über sich selbst ... Oft verzehren sie sich vor brennender Sehnsucht, Gott möge ihnen ihre Unvollkommenheiten und Fehler wegnehmen, aber mehr deshalb, um Frieden zu haben und nicht mehr von diesen Fehlern belästigt zu werden, als Gottes wegen.« (Ebd. 36f) Sie sprechen zwar ständig von ihren Fehlern und Schwächen und zeigen sich nach außen hin demütig. Sie fühlen sich der Hilfe Gottes bedürftig. Doch wenn man sie auf kleine Fehler anspricht, werden sie sehr aggressiv. Sie fühlen sich lieber pauschal als Sünder und möchten nicht auf konkrete Sünden angesprochen werden. Sie machen sich selber schlecht, um von den Menschen gelobt zu werden. In ihrer Empfindlichkeit gegenüber jeder Kritik spürt man, daß sie Gott nur für sich benutzen. Ihre vermeintliche Sehnsucht, daß Gott ihre Fehler reinigen möge, ist letztlich Ausdruck ihres Hochmuts. Sie stellen sich damit über die anderen, die kein Gespür für ihre Sündhaftigkeit haben. In der dunklen Nacht reinigt Gott den Menschen von dieser geistlichen Überheblichkeit. Die Reinigung führt dazu, daß ich Gott anbete, weil er Gott ist, und nicht, weil ich etwas von ihm habe. Wer gereinigt ist von der geistlichen Überheblichkeit, der bewertet seinen eigenen spirituellen Weg nicht. Ihm ist es völlig gleichgültig, auf welcher Stufe der spirituellen Entwicklung er steht. Es geht ihm nur noch um Gott und nicht mehr um den eigenen Weg und seine Bewertung.

Die dritte Reinigung gilt der Gefahr der geistlichen Habgier. Johannes versteht darunter die Sucht, immer mehr spirituelle Bücher zu lesen, von einem Beichtvater zum andern zu gehen, von einem Wallfahrtsort zum andern. Es ist eine spirituelle Geschäftigkeit. Man tut viel Frommes. Aber man wehrt sich gegen die innere Verwandlung und Läuterung. Johannes meint, der Mensch könne sich nicht allein mit seinem Willen von dieser geistlichen Habgier befreien. Gott selbst stellt ihn in die göttliche Heilkur, um ihn von dieser Fehlhaltung zu heilen. »Da heilt dann Gott den Menschen von allem, was dieser selbst nicht in Ordnung zu bringen vermochte. Mag nämlich ein Mensch sich auch noch so sehr zu helfen wissen – aus eigener Kraft kann er sich doch nicht so sehr läutern, daß er auch nur im geringsten für die gottgewirkte vollkommene Liebeseinung zubereitet wäre, würde ihm Gott nicht die Hand reichen und ihn in diesem dunklen Feuer läutern.« (Ebd. 42) Gott nimmt dem Menschen jede spirituelle Erfahrung, um sein Bestreben, Gott für sich zu besitzen, zu reinigen. Manchmal tut es uns gut, wenn Gott uns den Glauben und die Glaubensgewißheit aus den Händen nimmt, damit wir uns mit leeren Händen von neuem auf die Suche nach Gott machen.

Die vierte Reinigung, die die dunkle Nacht bewirkt, bezieht sich auf die geistliche Unzucht. Sie ist die Vermischung der göttlichen Liebe mit der sexuellen Liebe. Sexualität und Spiritualität gehören zusammen. Die Mystiker haben ihre spirituellen Erfahrungen immer in einer erotischen Sprache ausgedrückt. Nur wenn die Sexualität in die Spiritualität integriert wird, sind wir fähig, uns Gott in Liebe hinzugeben. Johannes vom Kreuz meint mit der geistlichen Unzucht eine unklare Vermischung von Gottesliebe und Sexualität. Ich erlebe die negative Beziehung von Sexualität und Spiritualität oft bei zu euphorischen Menschen. Wenn jemand zu euphorisch von seiner Liebe zu Gott spricht, so als ob er nur Gott liebe und sonst nichts, bin ich immer skeptisch. Die Euphorie ist oft eine Flucht vor der Sexualität. Die Erfahrung zeigt, daß Menschen, die euphorisch von ihrer Liebe zu Gott sprechen, meistens sexuelle Probleme haben. Sie haben ihre Sexualität nicht in ihr geistliches Leben integriert. Ihre Sexualität führt ein Eigenleben. Sie ist entweder abgespalten vom spirituellen Weg oder aber sie vermischt sich auf unbewußte und unklare Weise mit ihrer Liebe zu Gott. Das führt nie zu Klarheit und innerer Lauterkeit. Vielmehr merken diese Menschen oft gar nicht, wie sie ihre sexuellen Bedürfnisse dann auch in der Beziehung zu Männern und Frauen ausleben. Weil sie ihr Verliebtsein in einen Menschen ideologisch überhöhen als Ausdruck reiner Gottesliebe, sind sie sich ihrer ganz vitalen Bedürfnisse nicht bewußt. Die dunkle Nacht läutert die verschiedenen Arten von Liebe, sowohl die Liebe zu den Menschen als auch zu Gott. In der Liebe zu Gott darf durchaus die Kraft der Sexualität zum Ausdruck kommen. Aber es geht darum, in der Ekstase der Liebe zu Gott sich selbst zu vergessen, anstatt nur um seine euphorischen Liebesgefühle zu kreisen.

Der fünfte Bereich, der in der dunklen Nacht der Sinne gereinigt werden muß, ist der Zorn. Es ist eine Erfahrung, die wir immer wieder mit geistlichen Menschen machen können, daß sie oft sehr gereizt sind und schnell zornig werden: »Weil sie nun ein Unbehagen in sich verspüren, empfinden sie bei allem, was sie tun, Unmut, geraten wegen jeder Kleinigkeit sehr leicht in Zorn und sind manchmal unerträglich.« (Ebd. 48) Man würde meinen, daß spirituelle Menschen besonders ausgeglichen und liebevoll seien. Aber das Gegenteil ist oft der Fall. Es zeigt, daß sie ihren spirituellen Weg nicht gehen, um wirklich Gott zu suchen, sondern um durch Gott schöne Gefühle zu bekommen. Johannes vergleicht solche Menschen mit kleinen Kindern. Sobald sie von der Mutterbrust genommen werden, steigen Unbehagen und Unlust in ihnen hoch. Menschen, die bei solch infantiler Frömmigkeit stehenbleiben, sind oft für ihre Umgebung unerträglich. Sie merken gar nicht, wie egozentrisch sie nur um sich kreisen. Auch wenn sie über ihre spirituellen Erfahrungen sprechen, ist es nur religiöser Narzißmus. Andere – so meint Johannes – beobachten ständig ihre Mitmenschen bei ihrem geistlichen Tun. Sie urteilen hart über die anderen »und schwingen sich damit zu Herren der Tugend auf« (ebd. 49). Sie werden hart in ihrem Urteil und glauben dadurch, die Radikalität Jesu zu verwirklichen. In Wirklichkeit kommt ihre Härte von der Unterdrückung und Verdrängung der eigenen Bedürfnisse. Von dieser inneren Härte kann man nur durch den Läuterungsprozeß der dunklen Nacht befreit werden.

Die Reinigung, von der Johannes vom Kreuz spricht, betrifft weniger die neun Leidenschaften, die Evagrius Ponticus beschrieben hat. Bei Evagrius kann man von einer ethischen Reinigung sprechen. Der Mensch wird durch den spirituellen Weg menschlich reifer, bewußter, klarer. Er wird frei von moralischen Fehlhaltungen. Und es ist bei Evagrius eine psychische Reinigung. Die Leidenschaften hören auf, die Klarheit seines Geistes zu trüben. Sie sind integriert in das spirituelle Leben des Mönches. Kontemplation führt also auch zur Reinigung der Seele von allen verdrängten Begierden und Trieben. Der Mensch kommt in Berührung mit seinem wahren Selbst. Die Reinigung bei Evagrius führt zur Selbstwerdung des Menschen, zu innerer Klarheit und Freiheit.
    Bei Johannes geht es vor allem um die Beziehung zu Gott. Und da ist die größte Gefährdung, daß wir Gott mit

unserem eigenen Ego vermischen. Wir benutzen Gott für uns. Die spirituelle Gefährdung, Gott für sich zu mißbrauchen, kann alle neun logismoi erfassen, deren Wirkung Evagrius so eindrucksvoll analysiert hat. Die Leidenschaften können unsere Beziehung zu Gott trüben, wenn sie nicht durch den asketischen Weg gereinigt werden. Es gibt die geistliche Habsucht, sich immer mehr spirituelles Wissen anzueignen. Es gibt die geistliche Unzucht, wenn einer Gott dazu mißbraucht, in sich ekstatische Gefühle hervorzurufen. Es gibt die geistliche Völlerei, wenn einer hungrig ist nach Gebetsformen, aber nicht bereit ist, sich in Gott hineinfallen zu lassen. Die Traurigkeit als Selbstmitleid und Ausdruck der Enttäuschung, daß Gott meine Wünsche nach schönen Gefühlen nicht erfüllt, trübt meine Liebe zu Gott. Der Zorn kann sich gegen mich und meine mangelnde Gotteserfahrung richten. Die Akedia zerreißt mich und macht mich unfähig, Gott zu begegnen. Die Ruhmsucht kann die geistlichen Erfahrungen zunichte machen. Wenn ich mit jeder Gotteserfahrung angebe, dann mißbrauche ich Gott. Es geht mir dann nicht um Gott, sondern um mich selbst. Ähnlich ist es mit dem Neid. Ich möchte spiritueller sein als die anderen. Auch im geistlichen Leben vergleiche ich mich mit anderen. Ich messe meine Stufe, auf die ich geistlich schon geklettert bin, mit den Stufen der anderen. Die schlimmste aller Gefährdungen allerdings ist die Hybris. Ich identifiziere mich mit einem hohen Ideal und weigere mich, mein Menschsein anzuschauen. Für C. G. Jung verfallen dieser Gefährdung gerade diejenigen, die sich mit archetypischen Bildern identifizieren, etwa mit dem Bild des Propheten, des Märtyrers, des Heilers, des Heiligen, des spirituellen Menschen. Wer sich mit einem archetypischen Bild identifiziert, wird blind für die eigenen Bedürfnisse. Er merkt gar nicht, wie er unter dem Deckmantel seines hohen Ideals seine vitalen Bedürfnisse nach Macht, Anerkennung und nach Sexualität auslebt. Die dunkle Nacht des Johannes vom Kreuz will den Menschen von allen Vereinnahmungen Gottes befreien. Sie zeigt dem Menschen, daß Gott Gott ist, unverfügbar, ganz anders als der Mensch. Der Mensch muß sich mit seiner Ohnmacht Gott gegenüber aussöhnen. Dann erst darf er manchmal die Gnade erfahren, daß Gottes Liebe sich in ihn hinein ergießt und er eins werden darf mit dem unfaßbaren und unbegreiflichen Gott.

V. Katharsis in der Psychotherapie

Sigmund Freud spricht von der Psychoanalyse als einer kathartischen, einer reinigenden, Methode. Die Katharsis geschieht, indem die traumatischen Erlebnisse nochmals erinnert und dargestellt werden. Zu Beginn seines Wirkens setzte Freud die Hypnose als Technik ein, um die Menschen in die früheren Situationen hineinzuführen und sie dadurch von der traumatisierenden Wirkung frühkindlicher Verletzungen zu befreien. Freud erwartet vom Aussprechen und Abreagieren der verdrängten Erlebnisse und Affekte eine innere Reinigung des Menschen. Das Abreagieren kann im Herausschreien geschehen oder aber, indem man seine Wut durch Holzhacken oder Boxen oder sonstige kraftvolle körperliche Betätigungen nach außen bringt.

Die Reinigung bedeutet, daß die Affekte nicht mehr an den traumatischen Erfahrungen der Kindheit hängenbleiben. Das Kleben der Emotionen an verletzenden Kindheitserlebnissen verschmutzt das eigene Ich. Es hindert das Ich daran, klar zu sehen und die Dinge objektiv wahrzunehmen. Die Katharsis geschieht in der Psychotherapie, indem der Klient seine emotionalen Reaktionen auf bestimmte Situationen seines Alltags erzählt. Der Therapeut hilft ihm dabei zu erkennen, ob diese Reaktionen nur von dem aktuellen Konflikt oder der momentanen Begegnung ausgelöst wurden, oder ob sie durch frühkindliche Verletzungen bedingt sind. Katharsis besteht in der Entwirrung der Verwicklungen in meiner Seele.

Ich lerne langsam zu unterscheiden, ob meine Emotionen sich an alte Reaktionsmuster dranhängen, oder ob ich mit ihnen angemessen auf eine augenblickliche Situation reagiere. Indem ich meine traumatischen Erfahrungen anschaue und mir bewußt mache, hindere ich sie daran, die negativen Emotionen aus meiner Umgebung an sich zu ziehen und so immer mehr meine Psyche zu verdunkeln und zu verschmutzen. Freud hat seine kathartische Methode in einer Zeit entwickelt, in der er sich sehr stark mit Aristoteles auseinandergesetzt hat, der ja von der Katharsis durch das Schauspiel schreibt. Er hat sie aber zeit seines Lebens immer weiter entwickelt. Anfangs glaubte er, durch die kathartische Methode auch psychosomatische Symptome beseitigen zu können. Doch dann wurde ihm klar, daß es ein langer Weg ist, bis sich solche Symptome auflösen. Er versuchte, durch Erinnerung die unbewußten Erlebnisse, die den Symptomen zugrunde liegen, bewußt zu machen. Das kann langsam auch zur Auflösung der Symptome führen. Doch der Weg geht über viele innere Widerstände, die beachtet werden müssen. Freud spricht von einem Durcharbeiten. Es ist ein hartes Stück Arbeit, um die verdrängten Affekte in das Gesamt der Psyche integrieren zu können. Man könnte dieses Ringen, das Freud beschreibt, durchaus mit dem Dämonenkampf vergleichen, den Evagrius auf dem Weg der inneren Reinigung, auf dem Weg zur Apatheia vom Mönch fordert.

Die Katharsis-Lehre von Freud wird von der heutigen Psychologie eher skeptisch gesehen. Vor allem bezweifelt man, daß das aggressive Ausagieren der Affekte zur Reinigung führt.

Sigmund Freud und C. G. Jung

Wenn jemand seine Wut unkontrolliert nach außen schreit oder schlägt, kann er sich auch in sie hineinsteigen, anstatt sich von ihr zu befreien. Heute erwartet man die Katharsis von anderen Methoden. Freud selbst hat im Laufe seines Lebens das Abreagieren abgeschwächt. Die wichtigste Methode war für ihn, die Affekte verbal auszudrücken, dem Affekt Worte zu geben, damit er sich selbst zur Sprache bringen kann. Früher war man überzeugt, daß man die Wunden der Kindheit aufdecken müsse. Heute arbeitet man eher ressourcenorientiert. Manche Wunden überschwemmen den Klienten wie mit Eiter, wenn sie im Gespräch wieder aufgerissen werden. Da ist es wichtiger, die heilenden Kräfte zu stärken, damit die Wunde heilen kann. Wenn der Klient mit seinen inneren Quellen in Berührung kommt, geschieht auch Reinigung. Die innere Quelle wird die verwundeten Stellen durchströmen und so von Eiter und Schmutz reinigen. Manche Klienten fühlen sich verflucht, weil sie diese traumatischen Erfahrungen machen mußten. Die Aufgabe der Therapie ist, sie von diesem Fluch zu befreien und von allen Makeln zu reinigen, die dieser Fluch mit sich trägt. Doch der Weg der Reinigung geschieht vor allem über die Stärkung des wahren Selbst. Wenn die Klientin sich gesegnet fühlt, bedingungslos angenommen und geliebt, löst sich der Fluch der Ablehnung von selbst auf.

Für C. G. Jung geschieht die Reinigung vor allem durch das Ausdrücken der inneren Bilder, etwa indem jemand seine Träume aufschreibt oder malt oder im Tanz darstellt. Die Bilder des Unbewußten brauchen einen Ausdruck. Sonst überschwemmen sie die Psyche des Menschen und verunreinigen

Katharsis in der Psychotherapie

sie. Jung hat die aktive Imagination entwickelt. Sie besteht darin, die Bilder des Unbewußten in sich aufsteigen zu lassen und sie in eine ganz bestimmte Richtung zu führen. Jung warnt davor, in der aktiven Imagination seine aggressiven Impulse oder seine Machtbedürfnisse auszuphantasieren. Die aktive Imagination hat das Ziel, sich von destruktiven Tendenzen zu befreien, indem man entweder das Gespräch mit ihnen beginnt oder aber indem man sie herauswirft. So ist eine Weise der aktiven Imagination, den inneren Schmutz, der sich in mir angesammelt hat, hochkommen zu lassen und dann aus mir herauszuwerfen. Manches – so meint Jung – kann man nicht bearbeiten. Davon kann man sich nur lösen, indem man es aus sich herauswirft.

Eine psychologische Schule hat bewußt den Begriff der Katharsis für sich in Anspruch genommen: Es ist Jakob Moreno, ein amerikanischer Psychologe, der das Psychodrama entwickelt hat. Im Psychodrama geht es um eine Läuterung und Wandlung der Emotionen, indem man sich in bestimmte Rollen hineinspielt und durch Spielen neue Möglichkeiten in sich entdeckt. Man erwartet eine Katharsis durch das dramatische Darstellen der Konflikte. Diese Methode wird auch im Bibliodrama verwendet. Es fußt letztlich auf der Katharsis-Lehre von Aristoteles, der dem Schauspiel eine reinigende Wirkung zugeschrieben hat. Doch sowohl im Psychodrama als auch im Bibliodrama schaue ich nicht als passiver Beobachter zu, vielmehr spiele ich selber mit. Ich schlüpfe im Bibliodrama in die Rolle einer biblischen Figur und stelle darin meine eigenen Sehnsüchte, Bedürfnisse und Verletzungen dar. Indem ich vor anderen und im Gespräch mit ihnen mich selber darstelle, kann sich in meiner Seele etwas klären. Alte Verwicklungen lösen sich auf, und ich fühle mich nachher wie nach einem Bad gereinigt.

VI. Der spirituelle Weg als Reinigung

Viele Menschen suchen heute nach einem spirituellen Weg. Oft genug suchen sie diesen Weg außerhalb der Kirche. Sie vermissen in der Kirche die spirituelle Dimension. Oder sie trauen der Kirche nicht zu, daß sie ihre geistlichen Erfahrungen versteht und sie darin zu begleiten vermag. Viele Menschen machen außerhalb der Kirche mystische Erfahrungen. Und ich habe eine hohe Achtung vor der Ernsthaftigkeit, mit der sie sich auf den mystischen Weg machen. Doch immer wieder erlebe ich auch, daß sie zu schnell auf Erleuchtung aus sind. Sie sind fasziniert von den Schriften der Mystiker und möchten ihre Erfahrungen teilen. Oft überspringen sie dann jedoch den ersten Schritt auf ihrem Weg zur Erleuchtung. Der mystische Weg beginnt mit der Via purgativa, mit dem Reinigungsweg. Auf diesem Weg der Reinigung geht es darum, meine Beziehung zu Gott, zu mir selbst und zu anderen zu reinigen.

Unsere Beziehung zu Gott

Wenn ich mich auf den Weg zu Gott mache, werde ich zuerst mit meinen Gottesbildern konfrontiert. Welchen Gott suche ich überhaupt? Ist das wirklich Gott, oder ist es meine Projektion? Wenn ich meine Gottesbilder ehrlich anschaue, entdecke ich, daß sie von meinen frühkindlichen Erfahrungen geprägt sind. Das ist normal. Doch wenn ich mir die Vermischung

Der spirituelle Weg als Reinigung

meiner Gottesbeziehung mit meiner Beziehung zu Vater und Mutter nicht bewußt mache, wird Gott nur zum Vater- oder Mutterersatz. Ich übersteige dann nicht die Ebene von Vater und Mutter, um offen zu werden für den ganz anderen Gott. Dann projiziere ich mein Mißtrauen, das durch eine nicht gelungene Vaterbeziehung entstanden ist, auf Gott. Meine Angst vor dem Leben wird zur Angst vor Gott.

Wenn ich meine Beziehung zu Gott anschaue, stoße ich immer auch auf Blockaden in meiner Lebensgeschichte. Es hat dann wenig Sinn, über die Gottesbilder zu diskutieren oder den richtigen spirituellen Weg zu Gott zu beschreiben. Ich muß meine Gottesbeziehung reinigen von den Trübungen, die sich auf alles legen, was ich tue und denke. Wenn einer in seiner Beziehung zur Mutter nicht satt geworden ist, ist er leicht in Gefahr, daß er auch maßlos in seinen Erwartungen Gott gegenüber wird. Jeder von uns trägt Wunden mit sich herum. Das ist nicht schlimm. Doch je unbewußter sie sind, desto mehr trüben sie unsere Beziehung zu Gott. Wenn ich mein Nichtsattgewordensein anschaue und mich damit aussöhne, dann kann es in mir die Sehnsucht nach Gott vertiefen. Dann wird es spirituell fruchtbar. Ich sage ja dazu, daß mein Bedürfnis nach Liebe nicht gestillt worden ist. Und ich weiß zugleich, daß es auch nie ganz von Menschen gestillt werden kann. Das nicht gestillte Bedürfnis verweist mich auf Gott und hält mich wach auf meinem Weg zu Gott. Doch wenn ich das Nichtsattgewordensein nicht wahrnehme, dann legt es sich auf meine Gottesbeziehung. Und dann werfe ich Gott ständig vor, daß er mir nicht genügend geistliche Erfahrungen schenkt, daß er mich keine Geborgenheit spüren läßt, daß er mich innerlich verhungern läßt.

Unsere Beziehung zu Gott

Und meine Gottesbeziehung bekommt eine depressive Note. Ich kreise ständig um meine Frustration. Ich bade mich im Selbstmitleid, weil ich von Gott nicht bekomme, was ich eigentlich von meiner Mutter einmal erhofft hatte.

Unsere Gottesbilder sind von unserem Selbstbild abhängig. Daher genügt es nicht, nur die Gottesbilder der Bibel zu wiederholen. Denn auch die biblischen Gottesbilder werde ich immer durch die Brille meiner eigenen Lebensgeschichte sehen und sie dadurch zugleich verfälschen und trüben. Es geht vielmehr darum, das Bild Gottes von dämonischen Bildern zu reinigen, die sich immer wieder darüberlegen. Solche dämonischen Gottesbilder rühren entweder von eigenen Größenphantasien her oder aber von Bildern der Selbstentwertung und Selbstverurteilung. Wer hart gegen sich selbst ist, wird diese Härte auch in sein Gottesbild projizieren. Wer sich selbst nichts gönnt, wird auch Gott so sehen, daß er ihm das Leben nicht gönnt. Er wird mit einem ständigen Mißtrauen auf diesen Gott schauen. Und er wird sein Mißtrauen sogar bestätigt finden, wenn er in der Bibel von der Willkür Gottes liest. Wer von seinen Eltern verwöhnt worden ist, wird manchmal auch in Gott denjenigen sehen, der ihn verwöhnt, der ihm alle Schwierigkeiten aus dem Weg räumt. Er wird Gott für sich benutzen, so wie er die Eltern für sich benutzt hat. Vielleicht macht nach außen hin seine Gottesbeziehung den Eindruck von großem Vertrauen. In Wirklichkeit redet er zu Gott wie zu seiner Mutter, die ihm alles Schwere abnehmen soll. Es ist dann kein Vertrauen, sondern eine infantile Erwartungshaltung gegenüber Gott, die der Seele nicht guttut.

Der spirituelle Weg als Reinigung

Es gibt keine ganz reinen Gottesbilder. Unsere Bilder werden immer vermischt sein mit den eigenen Lebenserfahrungen und mit den eigenen Selbstbildern. Es ist unsere beständige Aufgabe, diese Bilder in das klare Licht Gottes zu halten, damit sich Trübungen auflösen können und das eigentliche Bild Gottes hervorstrahlt. Wir brauchen einen kritischen Blick dafür, wo sich in unser Gottesbild infantile Erwartungen hineingemischt haben, wo unser Gottesbild von unserer Angst verfälscht wird, und wo unsere selbstentwertenden Impulse unser Bild von Gott verdunkeln.

Die gefährlichste Verunreinigung meiner Gottesbeziehung besteht in der Ideologisierung meiner krank machenden Lebensmuster. Wenn ich mich zum Beispiel nicht traue, Konflikte anzusprechen und anzugehen, dann kann ich das als das Kreuz bezeichnen, das ich im Namen Jesu Christi tragen muß. Diese Ideologisierung hindert mich dann daran, mein wirkliches Problem anzuschauen. Ich meine, ich würde Gottes Willen erfüllen und das Kreuz auf mich nehmen, von dem Jesus gesprochen hat, als er sagte: »Wer mein Jünger sein will, der verleugne sich selbst, nehme sein Kreuz auf sich und folge mir nach.« (Mk 8,34) Doch in Wirklichkeit weiche ich einer wichtigen Herausforderung des Lebens aus. Ich weigere mich zu leben. Doch weil ich die Verweigerung als Kreuztragen deute, fühle ich mich sogar besser als die anderen, die sich auf die Konflikte einlassen. Ich stelle mich über die anderen, um mich nicht mit ihnen auseinandersetzen zu müssen.

Ein anderes Beispiel: Ich kann mich nicht genügend abgrenzen, weil ich ein übertriebenes Bedürfnis nach Zuwendung und Bestätigung habe, weil ich mich davor fürchte, mal nicht beliebt zu sein oder von anderen als Egoist beschimpft zu werden. Anstatt mir meine Unfähigkeit, mich abzugrenzen, einzugestehen, überhöhe ich sie als Aufopfern für die anderen. Jesus will von mir, daß ich mich für die andern hingebe und mich für sie aufopfere. Wenn ich mich für andere aus Liebe hingebe, dann stimmt es. Aber oft genug ideologisiere ich nur meine mangelnde Fähigkeit, nein zu sagen, als Aufopfern. Von solchem Aufopfern aber geht kein Segen aus, sondern eher eine aggressive und lebensverneinende Stimmung. Neben einem Opferlamm kann man schlecht leben. Und wenn ich genau nachfrage, was hinter dieser Haltung steht, dann stoße ich häufig auf eine frühkindliche Angst, keinen Platz zu haben in dieser Welt. Da gab es zum Beispiel die Botschaft der Mutter, daß für die Tochter eigentlich kein Platz da sei. Die Angst, ihre Daseinsberechtigung zu verlieren, treibt die Tochter dann dazu, sich für andere zu verausgaben, damit sie wenigstens im Gebrauchtwerden einen Platz auf dieser Welt findet.

Gott kann mir meine Sehnsucht nach absoluter Liebe und Geborgenheit erfüllen. Doch wenn ich meine vitalen Bedürfnisse nach Zärtlichkeit und menschlicher Nähe überspringe und meine, Gott würde mir alle diese Bedürfnisse stillen, dann überfordere ich meine Gottesbeziehung. Gott wird zum Ersatz für das ungelebte Leben, für die ungelebte Liebe. Dieses von meinen menschlichen Bedürfnissen getrübte Gottesbild muß gereinigt werden, damit ich Gott wirklich als den sehe, der er ist, und sein Bild nicht durch die Brille meiner verdrängten Sexualität verfälsche.

C. G. Jung meint, man würde immer blind für die eigenen Bedürfnisse, wenn man sich mit einem archetypischen Bild identifiziere. So ein archetypisches Bild kann das Opferlamm sein. Andere archetypische Bilder sind: der Märtyrer, der Heiland, der Helfer, der Revolutionär, der Heilige, der Mystiker. Es gibt in der Kirchengeschichte heilige Menschen. Aber sie haben sich nie als Heilige gefühlt oder sich gar mit dem archetypischen Bild des Heiligen identifiziert. Es gibt genügend Märtyrer. Sie sind Märtyrer geworden, weil sie ihren Glauben bezeugt haben. Aber wenn ich mich in einer Situation, in der ich nicht bereit bin, mich mit meinem Gegner auseinanderzusetzen oder mich selbst in Frage zu stellen, mit dem Bild des Märtyrers identifiziere, werde ich blind für die eigene Selbstgerechtigkeit. Wenn die anderen nicht mit mir auskommen, dann schiebe ich alle Schuld auf sie. Ich rede mir ein, ich sei wie Jesus, der auch mißverstanden, verfolgt und ans Kreuz geschlagen wurde. Ich habe dann nicht das Bedürfnis nach Reinigung. Ich fühle mich schon rein. Ich bin ja ein Märtyrer. In Wirklichkeit lebe ich hinter diesem Ideal meine aggressiven Impulse aus. Es scheint zwar, daß ich Opfer fremder Aggressionen bin. Aber wenn ich mich mit dem Archetyp des Märtyrers identifiziere, geht auch von mir ein hohes Aggressionspotential aus. Ich meine, die anderen würden mich zum Märtyrer machen, weil sie so kleinkariert sind und mich nicht akzeptieren können. Aber wenn ich ehrlich in mich hineinschaue, werde ich entdecken, daß es auch in mir eine Seite gibt, die daran Gefallen hat, Märtyrer zu sein. Ich mache mich großenteils selbst zum Märtyrer. Ich verhalte mich so, daß die anderen zu meinen Henkern werden. Ich locke in ihnen ihre aggressiven und verneinenden Impulse hervor, die mich zum Märtyrer werden lassen.

Was Johannes vom Kreuz in seinem Werk über die dunkle Nacht geschrieben hat, ist heute aktueller denn je. Wir müssen unsere Beziehung zu Gott immer wieder reinigen. Wir brauchen einen klaren Blick dafür, wo sich unsere krank machenden Lebensmuster mit unserer Gottesbeziehung vermischen, wo unser getrübtes Selbstbild auch unser Bild von Gott verunreinigt. Und wir müssen unsere spirituelle Sprache und Praxis daraufhin untersuchen, wo sich Ideologisierung eingeschlichen hat und wo wir die Worte Jesu als Bestätigung für unsere Lebensverweigerung oder für unsere innere Spaltungstendenz mißbrauchen. Um die Worte Jesu nicht zu verfälschen, braucht es immer wieder die Bereitschaft, sich dem Prozeß der Katharsis auszusetzen, sich und seine religiösen Vorstellungen Gott hinzuhalten, damit sein Geist Klarheit und Reinheit bringt. Wir müssen die Worte Jesu so hören, wie sie die Jünger gehört haben. Dann reinigen sie uns. Aber wir können die gleichen Worte auch mit einem unreinen Herzen hören. Dann mißbrauchen wir sie als Bestätigung für unsere eigene Unreinheit.

Unser Selbstbild

Unser Selbstbild ist oft genug getrübt durch Illusionen, die wir uns über uns gemacht haben. Da ist die Illusion, daß wir unser Leben im Griff haben, daß wir alles können, was wir wollen, daß uns das Leben gelingt. Oder es ist die Illusion, daß wir es nur gut meinen, daß wir freundliche, selbstbeherrschte, disziplinierte, ethisch hochstehende Menschen sind, daß wir psychisch gesund und spirituell ehrlich und suchend sind. Die Reinigung in der Beziehung zu mir selbst besteht in erster Linie darin, daß ich mich von den Illusionen verabschiede, die ich mir von mir selbst gemacht habe. Das ist nicht einfach. Das tut oft genug weh. Und es ist genau das, was der hl. Benedikt mit Demut meint, mit »humilitas«, dem Mut, hinabzusteigen in den eigenen Leib, in die eigene Erdhaftigkeit und Menschlichkeit, um sich damit auszusöhnen.

Auf diesem Weg der Reinigung begegnen wir aber genügend Fallen. Da ist einmal die Tendenz, daß wir uns in unserer Durchschnittlichkeit nicht akzeptieren können. Wir müssen immer etwas Besonderes sein. Entweder sind wir besonders spirituell. Oder wenn das nicht gelingt, dann halten wir uns für die schlimmsten Sünder. Aber damit weigern wir uns, unsere Durchschnittlichkeit anzunehmen. Wir sind weder die größten Heiligen noch die schlimmsten Sünder, sondern eben dazwischen. Doch das kränkt unser Selbstbild.

Manche müssen immer in Superlativen von sich sprechen, weil sie es nicht aushalten können, daß sie genauso wie die anderen sind, hin- und hergerissen zwischen dem Guten und Bösen, zwischen heilig und profan, zwischen Disziplin und Disziplinlosigkeit. Manche mißbrauchen ihren spirituellen Weg dazu, sich als etwas Besonderes fühlen zu können. Wenn ich anderen erzähle, daß ich Meister Eckehart und Johannes vom Kreuz lese und daß ich mich darin wiederfinde, dann kann ich mich über die anderen stellen. Ich mache mich interessant mit meinen mystischen Interessen, weil ich es nicht aushalten kann, daß ich in vielem banal bin, von alltäglichen Wünschen und Bedürfnissen bestimmt. Anstatt mich auszusöhnen mit meiner Alltäglichkeit und mich den täglichen Problemen zu stellen, weiche ich aus in etwas

Unser Selbstbild

Besonderes. Ich hebe ab. Doch wenn ich abhebe, kann ich die Wirklichkeit nicht mehr gestalten und verwandeln. Eine Weise, an seinen Illusionen über sich selbst festzuhalten, besteht darin, daß ich gegen mich wüte, sobald ich mich anders erlebe, als es meinem Selbstbild entspricht. Ich reagiere empfindlich auf andere und werde aggressiv. Das ärgert mich. Ich möchte doch gelassen und friedlich sein. Weil ich es nicht bin, wüte ich gegen mich selbst. Ich mache mir Vorwürfe, daß ich immer noch so empfindlich bin. Ich nehme mir vor, das nächste Mal besser aufzupassen und mich mehr zusammenzunehmen. Und schon beginnt ein Teufelskreis. Die Aggressivität mir selbst gegenüber macht mich noch unzufriedener, und manchmal führt sie mich in die Depressivität. Der Grund ist, daß ich es nicht aushalten kann, daß ich immer noch empfindlich bin. Ich halte an meinem hohen Selbstbild fest, anstatt mich auszusöhnen mit meiner Empfindlichkeit.

Eine Frau erzählte mir, daß sie immer wieder depressive Phasen habe. Sie macht eine Therapie. Es ist schon besser geworden. Aber sie braucht noch Medikamente. Schon das kränkt ihr Selbstbild. Wenn sich dann trotz der Medikamente wieder eine stärkere Depression anmeldet, versucht sie, gewaltsam dagegen anzukämpfen. Sie zwingt sich, weiterzuarbeiten, bis sie nicht mehr kann. Reinigung heißt nicht, daß sie von der Depression frei wird, sondern daß sie sich von ihrem Selbstbild verabschiedet. Wenn sie sich aussöhnt mit ihrer Depression, dann erkennt sie ihren Sinn. Die Depression will ihr etwas sagen. Sie will ihr sagen, daß sie ihr Maß überzogen hat. Sie hat sich zu sehr unter Druck gesetzt, für ihre Kinder eine perfekte Mutter zu sein und immer für sie zu sorgen. Das hat sie überfordert und in die Depression geführt. Die Depression zeigt ihr, daß dieser Weg so nicht mehr weitergeht. Sie muß sich in aller Demut eingestehen, daß sie selbst auch Bedürfnisse hat. Sie muß sich also von ihrem perfektionistischen Mutterbild verabschieden, das ihr Selbstbild trübt. Sie dachte, der Glaube wäre ihr wichtig und durch den Glauben könne sie ihre Probleme bewältigen. Doch trotz ihres Glaubens wird sie depressiv. So muß sie sich von der Illusion befreien, daß sie durch ihren Glauben alles lösen könne. Die Depression – so sagt C. G. Jung – ist wie eine schwarze Dame. Wenn sie an die Türe klopft, soll man sie einladen einzutreten, damit man sich mit ihr unterhalten kann. Wenn die Frau die Depression freundlich empfängt und mit ihr spricht, wird sie sie in die eigene Wahrheit führen. Sie wird sich auf einmal klarer sehen, wie sie ist. Und sie wird durch die Depression in den eigenen Seelengrund geführt, in dem sie Gott findet als den tiefsten Grund ihres Lebens.

Je mehr wir gegen die Depression, gegen die Empfindlichkeit, gegen die Angst kämpfen, desto stärker wird die Gegenkraft, die sich in uns regt. Die Aggression kann durchaus eine klare Kraft sein, die mir hilft, mich abzugrenzen. Doch wenn ich aggressiv auf meinen Ärger reagiere, dann vermischt sich mein Ärger über mich selbst mit dem Ärger, den die anderen in mir auslösen. Und ich sehe gar nicht mehr klar. Reinigung heißt, diese Vermischung aufzuheben. Das gelingt aber nur, wenn ich all das, was sich in mir regt, wahrnehme, ohne es gleich zu bewerten. Sobald ich es bewerte, trübt es sich ein. Und in meinen Ärger schleichen sich all die Beurteilungen und Maßstäbe ein, die ich als Kind mitbekommen habe: »Als

Unser Selbstbild

Christ ist man immer freundlich. Als Christ schimpft man nicht. Da reißt man sich zusammen. Ein Sportler ist diszipliniert.« Solche Werturteile trüben meinen Blick auf das, was mir mein Ärger eigentlich sagen möchte. Ich schwimme in meinem Ärger. Aber ich kann nicht mehr klar mit ihm umgehen. Ich habe keinen Abstand zu ihm. Reinigung bedeutet, daß ich eine gesunde Distanz zu meinen Emotionen habe. Nur dann kann ich sie klar sehen und ihre Bedeutung für meinen Weg erkennen. Nicht die Emotionen sind schlecht. Sie haben alle ihren Sinn. Ich werde nur dann von meinen Emotionen und Affekten verunreinigt, wenn sie vermischt sind mit den Emotionen anderer und mit meinen eigenen traumatischen Kindheitserfahrungen. Daher muß ich immer wieder zurücktreten, um meine Affekte aus einer gesunden Distanz heraus zu betrachten. Für mich ist dafür das Gebet sehr hilfreich, es ist für mich ein Ort, an dem ich die Emotionen wahrnehmen kann, ohne mich von ihnen infizieren und bestimmen zu lassen.

Die Psychoanalyse hat uns gelehrt, daß unsere Emotionen an traumatische Erfahrungen in der Kindheit gebunden sind. Und dadurch sind sie verunreinigt. Wenn uns nun ein Wort trifft, das uns an die traumatische Erfahrung erinnert, dann hängt es sich an diese verunreinigte Emotion und trübt noch mehr unser Denken und Fühlen. Die Psychoanalyse will die Bindung der Emotionen an die traumatischen Kindheitserlebnisse aufheben. So wäre es auch auf dem spirituellen Weg wichtig, daß wir ein gutes Gespür entwickeln, wo wir durch bestimmte Worte und Reaktionen unserer Mitmenschen wieder mit früheren traumatischen Erfahrungen verbunden werden und wie sie unsere Emotionen trüben. Ein

Der spirituelle Weg als Reinigung

wichtiger Weg der Katharsis würde darin bestehen wahrzunehmen, was sich da abspielt. Wenn ich es wahrnehme, dann kann ich mich auch davon distanzieren. Aber es braucht viel Geduld und Klarheit, um immer wieder zu erkennen, wo sich meine trüben Emotionen noch mehr aufladen mit dem Schmutz, der von außen her auf mich zukommt und in mich einströmt.

Da gehen zwei Dinge hintereinander schief. Ein Mitarbeiter berichtet von einem Konflikt mit einem anderen. Und kurz darauf bekomme ich einen unangenehmen Telefonanruf, in dem sich jemand von außen beschwert über etwas, was von unserer Verwaltung nicht rechtzeitig beantwortet worden ist. Ich spüre, wie der Ärger in mir hochsteigt. Und schon klammert sich an diesen Ärger das Gefühl, daß ich eigentlich ja auch eine andere Arbeit machen könnte, als mich ständig um den Kleinkram zu kümmern und Konflikte auszubaden. Der Ärger vermischt sich mit meinem Widerstand gegen die Arbeit überhaupt und mit dem Gefühl des Ausgenutztwerdens. Und schon entsteht ein heilloser Emotionsbrei. Ich fühle mich nicht wahrgenommen mit dem, was ich tue. Ich möchte am liebsten alles hinwerfen. Ich merke, wie diese düsteren Gedanken sich in meiner Seele ausbreiten. Da spüre ich, daß es höchste Zeit ist, sich davon zu distanzieren und mich innerlich zu reinigen. Sonst lähmen mich diese Gedanken und verdüstern meine Seele. Und schon geht von mir eine negative Ausstrahlung aus. Ich merke, daß ich dafür verantwortlich bin, was von mir ausstrahlt. Immer wieder ertappe ich mich dabei, daß sich in mir bittere Gefühle, Aggressivität und Unzufriedenheit festsetzen. Wenn ich das spüre, ist das für mich ein Alarmzeichen, daß ich zu lange solche

Unser Selbstbild

Emotionen in mich habe einfließen lassen. Ich habe mein Inneres zu lange von dem Schmutz, der von außen auf mich einströmt, trüben lassen. Das ist dann für mich immer ein Ansporn, all den inneren Dreck aus mir herauszuschleudern, damit er sich nicht noch weiter in mir ausbreitet. Oder aber ich halte den ganzen Emotionsbrei in die reinigende Liebe Gottes, damit sich meine innere Stimmung wieder aufklärt und ich klar und angemessen reagieren kann.

Ein wichtiges Feld der Reinigung ist das der Tugenden. Auch meine Tugenden sind oft vermischt mit Nebenabsichten: Meine Liebe ist vermischt mit Besitzansprüchen, mit aggressiven Impulsen, mit Eifersucht, mit infantilen Wünschen. Meine Gerechtigkeit kann sich vermischen mit Selbstgerechtigkeit oder aber mit einem aggressiven Gerechtigkeitssinn, der mit Gewalt das Recht durchsetzen will. Schon die Römer kannten diese Art der Gerechtigkeit, wenn sie sagen: »fiat ius, pereat mundus« (»es geschehe Gerechtigkeit – die Welt gehe zugrunde«). Ganz gleich, welche Auswirkungen die absolute Gerechtigkeit hat, selbst wenn die Welt daran zugrunde gehe, sie muß durchgesetzt werden. Auf diese Weise wird die Tugend zum Laster. Anstatt daß sie uns lebenstauglich macht, hindert sie uns am Leben und verhindert durch uns Leben. Die Klugheit kann zur Gerissenheit werden, zum taktischen Agieren. Die Tapferkeit kann zur Tollkühnheit verkommen. Ja selbst das Maß kann verfälscht werden, als mäßiges Tun, als bequemes Sicheinrichten in seinem selbst gemachten Maß. Dann läßt man sich durch nichts aus der Ruhe bringen und sich durch nichts mehr betreffen. All meine Tugenden müssen in das Licht Gottes gehalten werden, damit ich erkenne, wo sie getrübt sind und wo sie gereinigt werden müssen.

Bei allem, was wir tun und reden, müssen wir uns immer wieder prüfen, ob sich da nicht unlautere Absichten einschleichen. Unser Helfenwollen kann mit unseren eigenen Bedürfnissen nach Zuwendung vermischt sein. Unser Reden ist oft genug verschmutzt durch das Streben, im Mittelpunkt zu stehen und von allen gehört zu werden. Es schleicht sich in unser Reden das Bedürfnis ein, die Dinge besser darzustellen, als sie sind, um uns selbst in ein gutes Licht zu rücken. Wenn wir unser alltägliches Tun einmal genau anschauen, werden wir erkennen, wieviel Nebenabsichten sich da hineinmischen. In unsere Arbeit mischt sich der Ehrgeiz hinein, uns zu beweisen und andere zu übertreffen. Unsere ehrenamtliche Tätigkeit für die Pfarrei ist getrübt durch eigene Machtinteressen. Wir benutzen unseren Dienst für andere, um Einfluß zu gewinnen auf die Pfarrgemeinde und auf das ganze Dorf.

Innere Klarheit und Reinheit werden wir jedoch nicht erlangen, wenn wir den Schmutz absolut loswerden wollen. Reinigung setzt Schmutz voraus. Ich muß den Schmutz in mir anschauen und mich von dem Ideal verabschieden, daß ich je ohne Schmutz sein kann. Ich werde immer wieder schmutzig werden. Mancher Makel wird an mir hängenbleiben. Ich kann mein schuldhaftes Verhalten nicht einfach rückgängig machen. Ich darf darauf vertrauen, daß Gott mir meine Schuld vergeben hat. Und ich kann lernen, sie mir selbst zu vergeben. Aber der Makel, daß ich einen öffentlichen Fehler begangen habe, wird bleiben. Ich kann mich davon nicht rein-

Unser Selbstbild

waschen. Ich muß nur angesichts meines Makels mit mir selbst ins reine kommen. Und das wird mir nur gelingen, wenn ich durch das Unreine hindurchgehe. Durch die Erfahrung einer verschmutzten psychischen Umwelt werde ich immer wieder unrein werden. Ich kann dem Schmutz nicht ausweichen. Er wirft sich auf mich, ob ich will oder nicht. Meine Aufgabe ist es, ins Unreine hineinzugehen, um es zu läutern. Ich darf keine Angst vor dem Schmutz haben. Ich muß ihn anschauen und mich in innerer Reinheit und Klarheit dem Trüben und Schmutzigen stellen. Das Ergebnis wird nicht das Reinheitsideal unserer Waschmittelindustrie sein, sondern ein Mensch mit Fehlern und Schwächen, mit Runzeln und Einfärbungen. Aber durch seine Narben und dunklen Stellen hindurch leuchtet eine innere Klarheit.

Wenn ich zugebe, daß ich der Reinigung bedarf, gestehe ich mir zugleich ein, daß ich unrein bin. Und ich akzeptiere, daß ich wohl nie das Ideal von Reinheit erlangen werde, das ich auch in mir kenne. Das Ziel der Reinigung ist nicht die absolute Reinheit und die Unversehrtheit, sondern die Lebendigkeit. Zu dieser Lebendigkeit werde ich nur finden, wenn ich bereit bin, mich immer wieder reinigen zu lassen. Wenn ich mich auf einen Reinigungsweg einlasse, werde ich mich zunächst dem Schmutz zuwenden, der mir in die Augen fällt. Doch dann werde ich auf einmal entdecken, daß noch viel versteckter Schmutz hochkommt, der sich von Kindheit an in mir angesammelt hat. Es ist so, wie wenn ich ein Zimmer putze. Ich wische erst den Staub weg, der mir in die Augen fällt. Doch wenn ich dann unter das Bett oder hinter den Schrank schaue, sehe ich, wieviel sich da seit Wochen an Schmutz festgesetzt hat.

Der spirituelle Weg als Reinigung

Ich erlebe bei mir selbst und bei vielen, die ich begleite, den Wunsch, das ganze Leben mit einer reinen Weste herumlaufen zu können. Ich möchte vor mir selbst, vor Gott und vor den Menschen rein dastehen, ohne Schuld auf mich geladen und ohne gravierende Fehler gemacht zu haben. Doch zugleich merke ich, daß das nicht geht. Ob ich will oder nicht, ich werde auch in Schuld geraten. Ich werde Fehler machen. Und ich bin für andere angreifbar. Menschen, die auf ihre weiße Weste fixiert sind, kreisen oft übertrieben um ihre Schuldlosigkeit und geraten gerade so oft in Schuld. Weil sie den Schmutz ihrer Schuld unter allen Umständen vermeiden wollen, werden sie schuldig. Sie entziehen sich ihrer Verantwortung und überlassen es lieber anderen, daß sie sich ihre Finger schmutzig machen. Sie halten sich aus allen brenzligen Situationen heraus. Doch weil sie das Leben verweigern, laden sie Schuld auf sich. Schuld ist vom Wesen her Lebensverweigerung. Wer mit einer absolut reinen Weste dastehen möchte, macht sich schuldig. Er weigert sich, sein Menschsein anzunehmen. Denn zu unserem Menschsein gehört es, daß wir immer wieder auch schuldig werden. Jesus allein war ohne Sünde. Wir werden es nie fertigbringen, absolut sündenrein zu sein. Darum geht es auch gar nicht. Es geht vielmehr darum, an die Vergebung der Schuld zu glauben und uns immer wieder von Schuld zu reinigen.

Eine Weise, sich innerlich zu beschmutzen, besteht darin, sich selbst ständig Vorwürfe zu machen, wenn man sich anders verhalten hat, als man es von sich erwartet hat. Da habe ich einen Mitarbeiter etwas scharf angefahren. Anstatt das Problem anzugehen, mache ich mir Vorwürfe und zerfleische mich mit Schuldgefühlen. Letztlich ist es verletzter

Stolz, daß ich nicht beherrscht genug war. Das Wühlen in meinen Schuldgefühlen verunreinigt meine Psyche immer mehr. Es wäre viel besser, das unangemessene Verhalten Gott hinzuhalten, damit er mein Inneres reinige. Und anstatt mir Gedanken zu machen, was der andere über mich denkt, wäre es sinnvoller, entweder auf ihn zuzugehen und mit ihm über das Vorgefallene zu sprechen und mich bei ihm zu entschuldigen, oder aber für ihn zu beten, daß Gott die Wunde auch bei ihm in eine Perle verwandle.

Die Reinigungsarbeit an meiner eigenen Psyche ist nicht nur mein Privatvergnügen. Denn ob ich rein bin oder unrein, meine Umgebung wird das mitbekommen. Von mir geht entweder eine reinigende Atmosphäre aus oder aber eine verschmutzende. Die heutige Naturwissenschaft hat nachgewiesen, daß vom Menschen eine Ausstrahlung ausgeht, die das ganze Umfeld beeinflußt. Liebe und Klarheit wirken heilend auf die Umwelt, Haß, unterdrückter Zorn und Eifersucht trüben das Feld, das von der menschlichen Psyche erzeugt wird und die Menschen in der Umgebung beeinflußt. Man kann diese Ausstrahlung sicher verschieden erklären, durch Energiefelder oder durch das enge Ineinander-Verzahntsein von Geist und Materie, wie es die moderne Naturwissenschaft versteht. Entscheidend ist, daß wir für unsere Ausstrahlung verantwortlich sind. Wir sagen von einem Menschen, daß von ihm etwas Klares und Klärendes ausgeht. Wenn dieser Mensch bei einer Besprechung dabei ist, kommt ein klares Ergebnis heraus. Er wirkt klärend auf das emotionale Durcheinander um ihn herum. Es gibt andere, die die Atmosphäre dagegen eintrüben. Von ihnen geht etwas Unklares aus, weil sie in sich unklar sind. Wer sich auf die Reinigungsarbeit an seiner Psyche einläßt, der leistet einen wichtigen Beitrag zur Klärung der Umwelt. Von ihm werden heilende und klärende Felder ausstrahlen, während die, die die Läuterung ihres Inneren vernachlässigen, ihre Umwelt beschmutzen. In der Tiefe unserer Seele hängen wir mit allen anderen Menschen zusammen. Der Physiker David Bohm, Freund und Kollege von Albert Einstein, meint, »daß das Bewußtsein der Menschheit ganz in der Tiefe eins ist. Das ist eine Gewißheit, weil selbst die Materie im leeren Raum eins ist« (Bösch 80).

Die Beziehung zu unseren Mitmenschen

Im Umgang mit unseren Mitmenschen erleben wir täglich, daß wir den andern nicht objektiv sehen können, sondern immer durch die Brille unserer eigenen Lebensgeschichte. Unsere Brille ist getrübt durch die verletzenden Erfahrungen, die wir gemacht haben. Oft gibt es da Vermischungen, die ein emotionales Chaos erzeugen, bei dem wir nicht mehr klar sehen, warum wir so ineinander hängen. Wenn der andere etwas zu uns sagt, hängen sich mit seinen Worten Emotionen an die Stellen, an denen wir nicht gereinigt sind. Es ist wie bei einer kalten Kirchenwand. An den feuchten Stellen setzt sich der Schmutz fest. So ist es auch bei der menschlichen Seele. Ich habe mich über etwas geärgert und gehe mit meinem Ärger in den Tag. Jeder kleine Konflikt hängt sich an meinen Ärger und vertieft ihn. Und der Ärger wird immer stärker. Ich kann nicht mehr klar denken. Ich gehe mit Wut in die Sitzung. Ich höre gar nicht richtig zu. Ich wittere bei den andern, daß sie gegen mich sind und etwas gegen mich im Schilde führen. Ich ärgere mich über die harmlose Bemer-

Die Beziehung zu unseren Mitmenschen

kung eines Mitarbeiters. Ich weiß nicht, warum ich heute so empfindlich bin. Offensichtlich habe ich verpaßt, die ungereinigte Stelle meiner inneren Kirchenwand zu trocknen und zu säubern. So kann sich im Laufe des Tages immer mehr Schmutz an diese feuchte Stelle meiner Seele hängen.

Gerade Menschen, die in Verantwortung stehen, müssen sich selbst ständig reinigen. Denn sie sind täglich Konflikten ausgesetzt. Wenn sie sich in die Konflikte emotional hineinziehen lassen, dann tragen sie nichts zur Lösung bei, sondern sie verschlimmern die Situation nur noch. Ich weiß es aus eigener Erfahrung. Da kommt ein Mitbruder und erzählt von dem Konflikt, den er mit einem anderen Bruder hat. Er schimpft über ihn. Ganz leicht lasse ich mich davon beeinflussen. In mir wird eine Stelle berührt, an der ich mich auch über diesen Mitbruder geärgert habe. Oder es wird in mir die Tendenz angesprochen, den anderen zu entwerten. Vielleicht empfinde ich zu ihm Rivalität. Das Schimpfen des Mitbruders gibt mir eine gute Gelegenheit, nun auch das meine dazu beizutragen, den andern in seinem Egoismus und seiner Falschheit darzustellen. Ich benutze die Aggressionen des Mitbruders, um meine eigenen Aggressionen, die ich bisher mühsam verdrängt habe, auszuagieren. Ich trage meinen Teil zur negativen Schilderung dieses Menschen bei. Und schon wird die Atmosphäre verschmutzt. Das eigene Ich läßt sich von der Verschmutzung des andern anstecken. Es ist ganz wichtig, daß ich mich immer wieder von diesen inneren Verschmutzungen des eigenen Ichs reinige. Sonst entsteht um mich herum ein Klima von Unklarheit, ein Nebel, in dem sich keiner mehr auskennt. Nur wer innerlich klar ist, kann

Der spirituelle Weg als Reinigung

etwas zur Klärung der Atmosphäre beitragen. Um einen Konflikt lösen zu können, brauche ich Abstand dazu und einen klaren Blick. Wenn ich parteiisch bin und mich von einer Konfliktpartei vor den eigenen Karren spannen lasse, kann ich keinen konstruktiven Beitrag zur Klärung leisten. Klären vermag ich nur, wenn ich selbst klar bin.

Aber wie oft bin ich unklar in meinem Reden? Ich sage etwas, meine aber noch etwas anderes. In meine Worte haben sich Absichten gemischt, die ich verfolge. Ich benenne mit meinen Worten nicht den Tatbestand, sondern ich deute ihn schon, ich biege ihn so zurecht, daß er für mich paßt. Oder aber ich lasse in meinen Worten Zwiespältiges einfließen. Die anderen wissen nicht, was eigentlich gemeint ist. Jeder kann meine Worte in seinem Sinn interpretieren. Ich kann nicht klar reden, weil ich in mir selber unklar bin. Die Alten sprechen hier von der Einfachheit oder Einfalt des Herzens. Menschen mit einem einfachen Herzen sprechen das aus, was sie denken. Und sie meinen genau, was sie sagen. Sie kennen keine Doppelbotschaften.

Wer Verantwortung trägt, muß Entscheidungen treffen. Wir meinen, wir würden unsere Entscheidungen nach bestem Wissen und Gewissen treffen. Wir würden die objektiven Fakten sammeln und dann ganz sachlich entscheiden. Doch unsere wenigsten Entscheidungen sind rein sachlich. Da mischen sich ganz viele andere Motive mit hinein. Wir spüren ein Machtbedürfnis, das wir in der Entscheidung ausagieren können. Ich entdecke in mir Ressentiments einem bestimmten Mitarbeiter gegenüber. Und ich benutze die Entscheidung, um ihm eines auszuwischen oder ihn ins Abseits zu stellen. Oder aber ich bezwecke mit der Entscheidung etwas anderes, als ich angebe. Ich entscheide, obwohl ich gar nicht klar erkenne, was das Beste ist. Ich möchte mich mit der Entscheidung als »Macher« beweisen, der alles im Griff hat, der schnell entscheiden kann und die richtigen Perspektiven für die Zukunft eröffnet. So ist es eine wichtige Herausforderung, bei Entscheidungen in sich zu gehen und sich zu fragen, ob ich wirklich aus einer inneren Klarheit heraus handle, oder ob sich nicht viel Fremdes eingeschlichen hat, das mein Inneres trübt.

Reinigung in der Gemeinschaft

Der hl. Benedikt ordnet an, daß der Abt am Ende von Morgen- und Abendlob jeweils laut das Vaterunser beten soll, so »daß es alle hören können, wegen der Spannungen, die gelegentlich wie Dornen auftreten. Dadurch, daß sie im Gebet selbst versprechen: Vergib uns, wie auch wir vergeben, sind sie gehalten, sich von solchen Fehlern zu reinigen.« (Benediktsregel, Kapitel 13,12f) Benedikt ist überzeugt, daß die Gemeinschaft der täglichen Reinigung bedarf. Das laut gesprochene Vaterunser ist ihm ein wichtiges Mittel der Reinigung. Wenn in einer Gemeinschaft die Fehler weiter wuchern, dann entsteht in ihr eine Atmosphäre von Unklarheit und Trübung. Benedikt hat einige Kapitel in seiner Regel über die Behandlung von Verfehlungen geschrieben. Es ist ihm ein wichtiges Anliegen, daß das Böse sich nicht in der Gemeinschaft ausbreitet und die ganze Atmosphäre trübt. Benedikt schärft dem Abt ein, daß er sich wie ein Arzt um die Brüder kümmern solle, die sich verfehlt haben. Er soll sich wie der gute Hirte darum sorgen, »kein ihm anvertrautes Schaf

Der spirituelle Weg als Reinigung

zu verlieren« (ebd. 27,5), und er soll dem verlorenen Schaf nachgehen, »um das eine verirrte Schaf zu suchen« (ebd. 27,8). Nur wenn alle Mittel der Heilung nichts nützen, darf der Abt zum äußersten Mittel greifen, der Ausschließung eines Bruders aus der Gemeinschaft. »So soll nicht ein räudiges Schaf die ganze Herde anstecken.« (Ebd. 28,8) Alle Sorge des Abtes um die Brüder, die sich verfehlt haben, dient letztlich der ganzen Gemeinschaft. Die Krankheit des einzelnen darf sich nicht in der Gemeinschaft ausbreiten. Daher soll der Abt versuchen, die Krankheit des einzelnen zu heilen oder zumindest einzudämmen, um die Gemeinschaft vor Ansteckung zu schützen.

Was für die Mönchsgemeinschaft gilt, hat seine Gültigkeit für jede Art von Gruppe, für die Familie, für eine Firma, für eine Dorfgemeinschaft. Ein wichtiges Mittel der Reinigung ist das Achten auf die Sprache. Eine verunreinigte Sprache trübt auch die Beziehungen. Wenn wir die Sprache in einer Sitzung (im Pfarrgemeinderat, in einer Firmenbesprechung...) genau beobachten, merken wir, wie unbewußt die Sätze dahingesagt werden und wieviel Schmutz an den einzelnen Worten haftet. Da werden die Emotionen mit vermittelt. Und es entsteht innerhalb einer Sitzung Unklarheit. Die Reinigung der Sprache ist ein wichtiges Mittel, die Atmosphäre in einer Gruppe zu klären. Ein anderer Weg ist, die Probleme offen anzusprechen, um sie dann zu lösen. Wenn die Konflikte zu sehr unter den Teppich gekehrt werden, dann verunreinigen sie die Atmosphäre. Oft gibt es in Gemeinschaften die Tendenz zu harmonisieren. Man hat Angst vor Streit und deckt daher die Konflikte einfach zu. Doch dann sammelt sich unter der Decke viel Staub an, der den Raum einer Gemeinschaft immer mehr verdunkelt und trübt.

Oft ist auch ein Reinigungsritual wichtig, um Altes und Getrübtes aus der Mitte einer Gemeinschaft fortzuschaffen und sich davon zu befreien. Die Klöster kennen seit jeher die Übung der »Culpa«, in der man sich für Verfehlungen entschuldigt, die die Gemeinschaft betreffen. In vielen Gemeinschaften hat man diese Culpa abgeschafft, weil sie zu formalistisch geworden ist. Aber heute spürt man wieder das Bedürfnis, daß jede Gemeinschaft Orte braucht, an denen die Atmosphäre gereinigt werden kann. Bei uns in Münsterschwarzach haben wir die Culpa in die kleinen Gruppen der Dekanien gelegt, in die unsere Gemeinschaft aufgeteilt ist. Dort im kleinen Kreis kann man sich ehrlicher austauschen über das, was einem leid tut. Da klagt sich einer an, daß er zu wenig am Leben der Gemeinschaft teilgenommen hat. Oder ein anderer erzählt, was ihn momentan belastet und ihn daran hindert, auf andere fröhlich zuzugehen. Ein Dritter sagt, daß es ihm leid tue, wie er bei dieser oder jener Gelegenheit reagiert habe. Ein Gespräch über unsere Fehler darf nicht zu einer Selbstentwertung führen. Im Gegenteil: Wer den Mut hat, Fehler einzugestehen, der zeigt damit seine Größe. Und er trägt dazu bei, daß sich die Atmosphäre klärt. Nach so einer Culpa kann man wieder anders aufeinander zugehen. Man hat den Eindruck, daß die Luft klarer geworden ist.

Der hl. Benedikt mißt der Vergebung eine reinigende Wirkung zu. Die Mönche sollen beim Beten des Vaterunsers vor allem an die Vergebungsbitte denken. Wenn Gott ihnen vergibt, so sollen auch sie einander vergeben. Eine Gemeinschaft

Der spirituelle Weg als Reinigung

kann nur menschlich miteinander leben, wenn die Mitglieder bereit sind, einander immer wieder zu vergeben. Ohne Vergebung schleppt die Gemeinschaft viel Unrat mit sich. Denn die Verletzungen und Kränkungen, die sich die Mitbrüder einander zufügen, trüben das Klima einer Gemeinschaft, wenn sie nicht vergeben werden. Vergebung ist ein entscheidendes Mittel der Reinigung. Es ist interessant, daß in den USA das Thema »forgiveness« ein zentrales Thema der Psychologie geworden ist. Psychologen haben entdeckt, daß die Vergebung für den, der vergibt, heilend und befreiend ist. Denn wenn ich nicht vergeben kann, bin ich an den, der mich verletzt hat, noch gebunden. Vergebung löst die Bindung auf, und ich kann wieder frei atmen. In manchen Gemeinschaften gibt es viele Verwicklungen, weil alte Verletzungen nicht vergeben worden sind. So bleibt man aneinandergekettet. Eine Verletzung zieht die nächste nach sich. Und es gibt ganz komplizierte Beziehungsgeflechte, die man kaum mehr durchschauen kann. Da braucht es die Bereitschaft, einander zu vergeben, um dieses undurchschaubare Geflecht aufzulösen. Doch wir sind nur dann fähig, einander zu vergeben, wenn wir uns bewußt machen, daß Gott uns all unsere Schuld vergeben hat. Unsere Vergebung wurzelt in der Erfahrung der göttlichen Vergebung. Gott selbst reinigt unser Herz und unsere Beziehungen, indem er uns immer wieder vergibt. Unsere Aufgabe ist es, an die vergebende Liebe Gottes zu glauben und sie in unsere Fehler und Schwächen, in unsere getrübten Beziehungen hineinströmen zu lassen. Nur so kann die Atmosphäre der Gemeinschaft gereinigt werden.

VII. Reinigende Rituale für Körper und Seele

Seit jeher gab es in allen Religionen Reinigungsrituale – Rituale, denen man eine reinigende Kraft zuschrieb. Ritus bedeutet vom Wortstamm her »das Abgezählte, das Angemessene«. Riten strukturieren das Leben. Sie bringen Ordnung in das Chaos der menschlichen Seele. Es gibt gemeinschaftliche Riten und Riten für den einzelnen. Ich möchte einige reinigende Rituale beschreiben. Dabei ist es mir wichtig, daß ich von den zentralen Reinigungsriten ausgehe, wie sie in den drei kirchlichen Sakramenten der Taufe, Eucharistie und Beichte dargestellt werden. Aber ich möchte die Riten dieser Sakramente weiterführen in den Alltag hinein. Im Alltag vollziehen wir persönliche Rituale, die auch in den drei Sakramenten vorkommen und sie ins konkrete Leben hinein übersetzen. Manchmal sehen wir die Verbindung unserer persönlichen Rituale zu den kirchlichen Ritualen nicht. Und doch haben sie häufig ihre Wurzel darin. Die Rituale der Kirche haben eine lange Geschichte, die älter ist als das Christentum. Rituale sind uralte Strukturmuster der menschlichen Seele. Und seit alter Zeit prägen sie das Zusammenleben der Menschen. In den Ritualen der Kirche und in den persönlichen Ritualen hat sich die Weisheit der ganzen Menschheit verdichtet und einen für alle Menschen angemessenen Ausdruck gefunden.

Bevor ich einzelne Rituale beschreibe, die uns heute helfen könnten, uns von dem täglich anfallenden inneren und äußeren Schmutz zu reinigen, möchte ich an einer biblischen Geschichte aufzeigen, wie Riten wirken. Für mich ist die Geschichte von der Jakobsleiter ein schönes Bild für das Wesen der Rituale. In dieser Geschichte leuchten für mich sechs Bilder auf, die mir das Wesen der Rituale verdeutlichen.

Was macht ein Ritual aus? – Die Jakobsleiter

Jakob ist auf der Flucht vor seinem Bruder Esau. Esau, der dunkle und behaarte Bruder, steht für seinen Schatten. Jakob läuft also vor seinem eigenen Schatten davon. Jakob hat sich durch seinen Verstand und seine Schlauheit das Erstgeburtsrecht und den Segen seines Vaters erschlichen. Er hat sich nicht die Hände schmutzig gemacht durch Jagd oder Feldarbeit. Aber gerade durch seine Intrigen ist er in Schuld geraten. Jetzt schlägt Esau zurück. Er sinnt darauf, ihn zu töten. Jakob stellt sich nicht der Auseinandersetzung, sondern weicht aus. Als es auf seinem Fluchtweg Abend wird, nimmt er sich einen Stein als Kopfkissen und schläft ein. Er träumt von der Himmelsleiter, auf der Engel auf- und niedersteigen. Gott steht oben auf der Leiter und verheißt ihm, daß er an ihm vollbringen werde, was er ihm verheißen hat. Das sind für mich drei Bilder für Rituale:

Rituale sind etwas Handfestes. Ich nehme einen Stein in die Hand. Ich zünde eine Kerze an. Ich mache eine Gebärde mit meinen Händen, oder ich besprenge mich mit Wasser. Mitten auf meiner Flucht bringt mich das Handfeste in Berührung mit mir selbst. Ich bleibe stehen und spüre im Ritual mich selbst. Und Rituale öffnen den Himmel. Rituale haben mit Gott zu tun. Sie zeigen mir den Horizont auf, unter dem ich lebe. Ich lebe unter dem Segen Gottes. Indem ich etwas in die Hand nehme, vergewissere ich mich, daß der Himmel sich über mir wölbt, daß Gottes segnende Hand über mir ist. Und die dritte Bedeutung der Rituale: Sie schenken mir die Gewißheit, daß mein Leben gelingt. Gott wird vollbringen, was er mir verheißen hat: daß mein Leben einen Sinn hat, daß ich mit meinem Leben eine Spur eingrabe in diese Welt.

Als Jakob aufwacht, erkennt er, daß der Ort, an dem er geschlafen hat, heiliger Boden ist: »Haus Gottes und das Tor des Himmels.« (Genesis 28,17) »Jakob stand früh am Morgen auf, nahm den Stein, den er unter seinen Kopf gelegt hatte, stellte ihn als Steinmal auf und goß Öl darauf. Dann gab er dem Ort den Namen Bet-El (Gotteshaus).« (Gen 28,18f) Hier werden drei weitere Bilder für Rituale sichtbar. Rituale sind Erinnerungszeichen. Sie erinnern mich, daß Gott wirklich gegenwärtig und für mich da ist. Sie bringen die Gegenwart Gottes in mein Inneres. Theoretisch glauben wir alle, daß Gott gegenwärtig ist. Aber es ist uns nicht bewußt. Unser Herz bleibt davon unberührt. Rituale bringen Gott in mein Herz. Jakob gießt Öl auf den Stein und salbt ihn. Salben ist etwas Zärtliches. Öl heißt im Griechischen »elaion« und hat mit Liebe und Zärtlichkeit zu tun. Jakob geht nicht nur liebevoll mit dem Stein um. Er vergewissert sich durch das Salben des Steines auch, daß Gottes Liebe ihn zärtlich berührt. Das verweist auf die fünfte Bedeutung der Rituale: Rituale vermitteln mir Gottes zärtliche Liebe. In ihnen lasse ich mich von Gottes Liebe berühren. Ich brauche solche leibhaften Vermittlungen der Liebe Gottes, damit ich daran zu glauben vermag. Über die Liebe Gottes zu reden, genügt nicht, um sie erfahren zu können.

Jakob gibt dem Ort einen neuen Namen. Rituale haben einen bestimmten Namen: Es gibt das Gute-Nacht-Ritual, das Morgenritual, das Taufritual, das Segensritual usw. Ich gebe einem konkreten Tun einen Namen. Dadurch bekommt es eine besondere Bedeutung. Der Name, den Jakob dem Ort gibt, »Gotteshaus«, steht letztlich über allen Ritualen. Alle Rituale wollen etwas davon vermitteln, daß ich im Haus Gottes zu Hause bin. Rituale sind wie ein Haus, in dem ich wohnen kann. Das deutsche Wort »wohnen« heißt ursprünglich: »Behagen empfinden, Gefallen finden, zufrieden sein«. Rituale vermitteln die Erfahrung, daß ich darin wohnen kann, daß ich dabei Behagen empfinde und inneren Frieden. Haus und Heim gehören zusammen. Haus kommt von der Wurzel »skeu«, die »bedecken, umhüllen« bedeutet. Heim hat mit der Wurzel »kei« zu tun, die »liegen, sich niederlassen« meint. Im Haus Gottes fühle ich mich von Gott geschützt und umhüllt. Im Heim lasse ich mich nieder, da kann ich mich fallen lassen. Zum Heim gehört auch das Geheimnis. Wahrhaft daheim sein kann man nur, wo das Geheimnis wohnt. In den Ritualen vergewissere ich mich, daß ich an jedem Ort dieser Welt zu Hause bin, im Hause Gottes wohne und mich als Gottes geliebter Sohn und geliebte Tochter gebärden darf. Und in den Ritualen erfahre ich Heimat. Da fühle ich mich daheim, nicht weil mich die Rituale an die eigene Kindheit erinnern, sondern weil sie mich öffnen für das Geheimnis Gottes, das mich umgibt. Rituale bringen das Geheimnis in mein Haus. Ich erlebe immer wieder einsame Menschen, denen abends die Decke über dem Kopf zusammenfällt. Für sie ist es wichtig, den Abend mit Ritualen zu gestalten. Dann erfahren sie Heimat. Sie wohnen in einem Haus, in dem sie wahrhaft zu Hause sind, in denen das Geheimnis wohnt und ihnen Heimat schenkt.

Die Taufe

In vielen Religionen gibt es nach der Geburt eines Kindes ähnliche Waschrituale, wie sie im Christentum bei der Taufe vollzogen werden. In der frühen Kirche legten die Täuflinge ihre Kleider ab und stiegen nackt in das Taufbecken. Dort wurden sie dreimal untergetaucht. Dann stiegen sie aus dem Taufbecken, wurden gesalbt und zogen ein weißes Kleid an. Heute wird das Kind bei der Taufe dreimal mit Wasser übergossen. Wasser hat reinigende und erneuernde Kraft. Doch wovon soll das Kind gereinigt werden? In der früheren Theologie sagte man, es solle von der Erbsünde befreit werden. Doch was sollen wir darunter verstehen? Die Erbsünde wurde früher als etwas verstanden, was das Kind befleckt. Für die heutige Theologie bedeutet die Erbsünde, daß wir nicht in eine sündenfreie Welt hineingeboren werden, sondern daß wir von Geburt an von der Sünde der Gesellschaft infiziert sind. Die sündige Atmosphäre möchte sich an das Kind hängen und sein Denken und Fühlen beschmutzen. Wenn der Priester dreimal Wasser über den Kopf des Kindes gießt, dann drückt er damit die Hoffnung aus, daß der reinigende Geist Gottes für das Kind stärker sein möge als der verunreinigende Geist dieser Welt. Der Priester spricht dazu die Formel: »Ich taufe dich im Namen des Vaters und des Sohnes und des Heiligen Geistes.« Der

Täufling wird in die Gemeinschaft des dreifaltigen Gottes gestellt. Sie soll ihn schützen vor den negativen Einflüssen, die durch die Gemeinschaft mit sündigen Menschen auf ihn einströmen.

Das Übergießen mit Wasser kann aber auch noch eine andere Bedeutung haben. Das Bild des Kindes wird nicht nur durch die Sünde getrübt, sondern auch durch die Bilder, die die Eltern und Geschwister, die Verwandten und Freunde dem Kind überstülpen. Da sieht der Vater im Sohn nicht das einzigartige und einmalige Bild, das Gott sich von ihm gemacht hat, sondern er sieht in ihm alles, was er sich selbst verboten hat oder was er selbst nie leben durfte. So ein Bild trübt das Selbstbild des Sohnes. Der Bruder sieht in seiner jüngeren Schwester die Rivalin, mit der er die Liebe der Eltern teilen muß. Oder die Verwandten legen in die Tochter ihre eigenen Erwartungen und unerfüllten Bedürfnisse hinein. Auch solche Bilder trüben das unverfälschte Bild Gottes in der Tochter. Das Wasser drückt aus, daß Gott all diese übergestülpten Bilder abwäscht, damit das reine und klare Bild zum Vorschein kommt, das Gott sich von diesem Kind gemacht hat.

Das Wasser der Taufe erinnert aber auch an die Quelle des Heiligen Geistes, die im Kind sprudelt. Wasser reinigt uns nicht nur von äußerem Schmutz. Wenn wir reines Quellwasser trinken, haben wir den Eindruck, daß es unser Inneres reinigt. Es erfrischt uns. Es vertreibt aus uns die Müdigkeit, den Staub unseres Innern. Die Taufe ist die Verheißung, daß in uns die Quelle des Heiligen Geistes strömt, die nie versiegt, weil sie göttlich ist, und die immer neu und frisch ist, weil sie von dem ewig neuen Gott kommt. Wenn wir in

Die Taufe

Berührung bleiben mit der inneren Quelle, dann werden wir nie austrocknen oder uns verausgaben.

Was in der Taufe vollzogen wird, üben wir in täglichen Ritualen ein. Da ist zunächst das Ritual des Weihwassers. Wenn wir eine Kirche betreten, nehmen wir Weihwasser und bekreuzigen uns damit. Manche Christen haben auch an ihrer Haustür ein Weihwasserbecken. Immer wenn sie aus dem Haus gehen oder in es eintreten, nehmen sie das Weihwasser. Eine andere Tradition kennt das Weihwasserbecken im Schlafzimmer, aus dem man sich morgens und abends mit Weihwasser bekreuzigt. Mit diesem persönlichen Ritual erinnern wir uns an die Taufe. Wir erinnern uns daran, daß Gottes Geist uns von allem reinigt, was uns täglich immer neu beschmutzt. Wir berühren unsere Stirn, unseren Unterbauch, unsere linke und rechte Schulter mit Wasser. Unser Denken muß gereinigt werden. Im Weihwasser liegt die Verheißung, daß wir klar denken, nicht getrübt durch emotionale Verstrickung in ungeklärte Beziehungen. Der Unterbauch steht für Vitalität und Sexualität. Auch dahinein soll das reinigende Wasser der Liebe Gottes dringen, damit wir achtsam und keusch umgehen mit unserer Sexualität. Seine Sexualität keusch zu leben heißt, in ihr unsere Liebe auszudrücken und nicht unsere Gier oder Macht. Die linke Schulter steht für das Unbewußte. Auch das Unbewußte soll von Gottes Geist gereinigt werden, damit es sich nicht störend in unser bewußtes Reden und Handeln einmischt. Die rechte Schulter repräsentiert die bewußte Seite. Wenn wir sie mit dem Weihwasser berühren, drücken wir die Hoffnung aus, daß unser bewußtes Tun aus der inneren Quelle herausströmt und nicht

Reinigende Rituale für Körper und Seele

zur bloßen Routine verkommt. Handeln aus der inneren Quelle heraus ist geprägt von Phantasie und Kreativität.

Was im Übergießen bei der Taufe geschieht, kann sich auch in ganz weltlichen Ritualen widerspiegeln. Für manche ist das morgendliche Duschen wie ein Taufritual. Sie erleben unter der Dusche nicht nur, daß der äußere Schmutz weggewaschen wird. Sie fühlen sich erfrischt. Wenn das warme Wasser an ihnen hinunterrinnt, nimmt es all die Ängste mit, die sie vor dem Tag haben. Es wischt die Müdigkeit ab. Es löst den inneren Widerstand vor dem neuen Tag auf. Und unter der Dusche fühlen sich viele wie neugeboren. Sie haben eine Ahnung davon, was es heißt, nicht die alte Leier des Vortages weiterspielen zu müssen, sondern von neuem beginnen zu dürfen, mit neuen Voraussetzungen, mit neuem Mut, mit erneuertem Geist. Und sie fühlen sich von der Schuld reingewaschen. Das Wasser spült ihre Schuldgefühle weg, mit denen sie sich herumquälen, weil sie gestern einem Kollegen gegenüber nicht freundlich genug waren oder nicht ganz korrekt geantwortet haben.

Ein Manager von DaimlerChrysler erzählte mir, daß er abends nach Arbeitsschluß zuerst unter die Dusche gehe und all den inneren und äußeren Schmutz von der Arbeit abwasche. Der innere Schmutz ist oft schwerer abzuwaschen. Das sind die Enttäuschungen, der Ärger, die Verletzungen, die der Arbeitstag mit sich gebracht hat. Er stellt sich bewußt mit seiner Frustration unter die Dusche, damit er es fertigbringt, sie loszulassen, wenn er dann in die Familie geht. Und er zieht sich nach der Dusche die bequeme Alltagskleidung an. Wenn er dann nach unten ins Wohnzimmer geht, versucht er, ganz gegenwärtig zu sein für seine Familie. Dieser Manager hatte keine Beziehung zur Kirche. Aber unbewußt hat er zwei Riten kopiert, die für die Taufe wesentlich sind: das Waschen und das Anziehen neuer Kleider. Zur Taufe bekommt der Täufling ein neues Kleid als Zeichen dafür, daß er Christus gleichsam wie ein Gewand angezogen hat. Das weiße Kleid drückt die Herrlichkeit aus, die im Kind aufleuchtet. In jedem Kind strahlt Gottes Schönheit auf. Viele erzählen mir, daß sie nach Arbeitsschluß bewußt ihre Arbeitskleider ablegen und andere Kleider anziehen. Bei Bankangestellten, die am Arbeitsplatz mit Krawatte erscheinen müssen, ist es verständlich, daß sie sich bequemer anziehen. Aber ich kenne auch Menschen, die keine besondere Arbeitskleidung tragen. Dennoch ist es für sie ein wichtiges Ritual, nach Arbeitsschluß etwas anderes anzuziehen. Mit den Kleidern legen sie auch die Arbeit ab und alles, was sie während der Arbeit belastet und vielleicht beschmutzt hat. Es ist wie ein Reinigungsritual. Sie denken dabei nicht an Gott. Dennoch geschieht in diesem Ritual etwas von der Qualität der Taufe. Sie legen Altes und Verbrauchtes ab, um sich neu zu fühlen, befreit von dem, was sie tagsüber erlebt haben.

Das reinigende Schauspiel der Eucharistie

Bei den Griechen war das Theater ein wichtiger Ort, an dem Reinigung geschah. Indem die Zuschauer die Emotionen von Mitleid und Furcht erleben, werden ihre Affekte gereinigt. Der Evangelist Lukas hat das Leben Jesu als Schauspiel beschrieben, das im Tod am Kreuz gipfelt. »Alle, die zu diesem

Schauspiel herbeigeströmt waren und sahen, was sich ereignet hatte, schlugen sich an die Brust und gingen betroffen weg.« (Lk 23,48) Durch das Schauspiel des Todes Jesu kamen die Menschen mit ihrem wahren Selbst in Berührung. In Jesus sahen sie den gerechten Menschen, den in sich richtigen Menschen, ausgerichtet auf Gott, rechtschaffen. In Jesus leuchtete das reine und unverstellte Bild des wahren Menschen auf. Das Bild Jesu, der am Kreuz alle Gegensätze dieser Welt vereinigte und miteinander versöhnte, löste die Bilder auf, die das wahre Selbst der Zuschauer verstellt hatten. Es geschah eine Katharsis. Die Menschen, die auf den gekreuzigten Jesus schauten, gingen verwandelt und gereinigt nach Hause. Wenn wir das Leben Jesu anschauen, so wie Lukas es uns anschaulich geschildert hat, dann kann auch in uns Reinigung geschehen. Unsere getrübten Selbstbilder verschwinden, und wir sehen uns, wie wir wahrhaft sind.

In der spirituellen Tradition des Christentums ist die Eucharistie ein heiliges Spiel, ein Schauspiel. In den Riten schauen wir das Geheimnis von Tod und Auferstehung Jesu, etwa im Ritus des Brotbrechens, der uns auf das Zerbrochenwerden Jesu am Kreuz verweist, oder im Ritus des Eintauchens des Brotes in den Wein, Bild für die Auferstehung. Indem wir in den Riten das Geheimnis Jesu schauen, werden wir gereinigt von inneren Verschmutzungen. Wir werden in der Eucharistie auf den Weg Jesu mitgenommen. Indem wir unser Leben auf dem Hintergrund von Jesu Weg anschauen, entdecken wir, was sich in uns eingeschlichen hat an Verunreinigung und inwieweit unser Denken getrübt ist durch Emotionen, die sich von außen oder auch von innen her an unsere Gedanken und Gefühle gehängt haben.

Das reinigende Schauspiel der Eucharistie

Die Eucharistie reinigt uns nur, wenn wir das Unreine in uns Gott hinhalten. Dazu dient der Bußakt. In ihm geht es nicht darum, uns als unwürdige Sünder selber klein zu machen. Der Bußakt besteht vielmehr in der Bereitschaft, alles mit in die Begegnung mit Christus zu nehmen. Wir halten das Gelungene und das Mißlungene Gott hin, unsere unklaren Beziehungen, unser inneres Chaos, die Abgründe unserer Seele. Nur was wir hinhalten, kann dann in der Eucharistiefeier verwandelt werden. In der Gabenbereitung hält der Priester im Brot und Wein unser Leben Gott hin, damit er es verwandelt. Und dann wäscht er sich in einem kleinen Ritual die Hände und betet dabei: »Herr, wasche ab meine Schuld, von meinen Sünden mach mich rein.« Er hat das Bedürfnis, das heilige Geschehen mit reinen Händen zu feiern. Aber zugleich drückt er in diesem kleinen Ritual aus, worum es in der Eucharistiefeier zentral geht: daß ich reingewaschen werde von allem, was sich bei mir wieder eingeschlichen hat an Ressentiments, Ärger, Eifersucht, Gekränktsein, Verurteilen anderer. Ich fühle mich in jeder Eucharistiefeier eingeladen, meinen inneren Schmutz Gott hinzuhalten, damit er täglich neu klärt und reinigt, was sich in mir festgesetzt hat.

Die Reinigung geschieht in der Eucharistie vor allem durch das Wort der Heiligen Schrift, das wir in uns eindringen lassen, damit es wie ein Schwert in uns scheidet, was sich vermischt hat. Und die Reinigung geschieht durch das Mahl. Wir essen den Leib Christi und trinken sein Blut. Wir werden ununterscheidbar eins mit Jesu Leib und Blut. In der Kommunion durchdringt uns Gottes menschgewordene Liebe und reinigt uns von allen Trübungen und Verschmutzungen. Leib und Blut Christi wurden in der Tradition als Medikament betrachtet, das unsere Krankheit heilt. Eine wichtige Weise der Heilung ist die Reinigung, das Ausleiten krank machender Stoffe aus dem menschlichen Leib. So ist das eucharistische Medikament ein Reinigungsmittel, das uns von allem befreit, was unser wahres Selbst verstellt. Was in der Eucharistie als Schauspiel und als heiliges Mahl geschieht, will in alltäglichen Ritualen fortgesetzt werden. Es gibt Diäten, die der Reinigung des Körpers dienen. Mein Freund mußte in Peru Zimttee trinken und eine ganz bestimmte Diät befolgen, damit der körperliche und seelische Reinigungsprozeß in Gang kommen konnte. Ein Mitbruder von mir schwört auf Brennesseltee. Im Frühjahr schneidet er sich in unserer Bachallee Brennessel ab, um für sich daraus Tee zu kochen. Das hat ihn jahrelang gesundheitlich über Wasser gehalten. Das Trinken seines selbstgebrauten Tees ist für ihn zu einem reinigenden und heilenden Ritual geworden, das er jeden Tag in großer Treue zelebriert. Der Frühling bietet uns viele Kräuter an, die uns helfen, aus dem Körper die Schlacken des Winters auszuscheiden, etwa der Löwenzahn oder das Gänseblümchen. Jeder hat andere Mittel, die ihm helfen, sich von schädlichen Stoffen zu reinigen. Die körperliche Reinigung hat immer auch Auswirkungen auf die Seele. Ich kenne Menschen, die an einer Amalganvergiftung litten. Sie fühlten sich nicht nur körperlich schlapp, sondern auch psychisch. Der Arzt verordnete ihnen eine lang dauernde Reinigungskur. Nachdem sie all das Gift aus sich ausgeleitet hatten, fühlten sie sich seelisch und körperlich gereinigt und fühlten neue Energie in sich. Ein Bekannter erzählte mir, er hätte keine Erkältung mehr gehabt, seitdem er täglich drei Liter

Wasser trinke. Er spüle mit dem Wasser alles Schädliche aus seinem Körper aus.

Versöhnungsrituale

Das Sakrament der Versöhnung ist für die katholische Kirche die Beichte. In der Beichte bekenne ich meine Schuld. Ich erzähle, wie es mir geht und wo ich mich schuldig fühle. Viele erleben Schuld als einen Makel, der an ihnen haftet. Sie möchten durch die Beichte frei werden von diesem Makel. Sie möchten aber auch frei werden von den Schuldgefühlen, die das Innere ihres Herzens mit einem trüben Nebel einhüllen. Viele fühlen sich nach der Beichte innerlich gereinigt und befreit. Der Ritus der Beichte sagt ihnen nicht einfach nur mit Worten die Vergebung Gottes zu. Vielmehr geschieht die Absolution in einem festen Ritual, mit Handauflegung und einer seit langem tradierten Formel. Der Ritus – so sagt C.G. Jung – reicht bis in die Tiefen des Unbewußten und befreit dort den Menschen von seinen inneren Widerständen gegen die Vergebung. Wer durch das Ritual der Beichte in der Tiefe gereinigt wird, hört auf, sich weiter mit Schuldvorwürfen zu zerfleischen. Viele drücken ihre Erfahrung mit der Beichte so aus: »Ich fühle mich frei, wie nach einem Bad. Es ist eine Last von mir gefallen. Ich kann wieder klar sehen. Ich fühle mich leichter.«

Was das Sakrament der Beichte vermittelt, das sollte durch konkrete Versöhnungsrituale im Alltag entfaltet werden. Wenn die Atmosphäre einer Familie durch Konflikte und Mißverständnisse verunreinigt ist, dann wäre es gut, jedes Jahr vor Weihnachten ein Versöhnungsritual zu begehen.

Reinigende Rituale für Körper und Seele

Die Familie könnte sich zusammensetzen und gemeinsam überlegen, wie das letzte Jahr gelaufen ist, was da das Einvernehmen getrübt hat, was sich an Blockaden angesammelt hat, welche negativen Emotionen sich breitgemacht haben. Der Vater, die Mutter und die Kinder sind eingeladen, sich für das zu entschuldigen, was sie zur Eintrübung der Atmosphäre beigetragen haben. Ein solches Bekenntnis vor den andern reinigt die Atmosphäre. Mir erzählte ein Vater, er habe sich bei einem solchen Versöhnungsritual einmal vor seinen Kindern dafür entschuldigt, daß er so wenig zu Hause war. Sofort lösten sich die negativen Emotionen der Kinder, die sich in ihnen gegenüber dem Vater angestaut hatten. Die Beziehung zu den Kindern wurde besser. Sie war nicht mehr getrübt durch den Ärger über seine häufige Abwesenheit. Versöhnungsrituale reinigen die Atmosphäre einer Familie und lassen sie wieder freier atmen.

Solche reinigenden Rituale wären auch für Ehepaare wichtig. Denn die Liebe der Ehepartner wird durch tägliche Mißverständnisse oder unbewußte Verletzungen immer wieder getrübt. Oft merken es die Partner gar nicht, daß sich in ihnen etwas verdunkelt. Aber jeder ungeklärte Streit, jede nicht bewußt wahrgenommene Kränkung frißt sich in die Seele ein und verunreinigt sie. Wenn die Eheleute ein jährliches Versöhnungsritual feiern, kann das immer wieder zur Reinigung und Erhellung ihrer Emotionen beitragen. Ich kenne Ehepaare, die bewußt jeden Abend gemeinsam laut das Vaterunser beten. Bei der Bitte »Vergib uns unsere Schuld, wie auch wir vergeben unseren Schuldigern« denken sie an das, was nicht so gut gelaufen ist. Das Vaterunser ist wie ein tägliches Reinigungsritual, damit sie nichts vom Streit des vergangenen Tages mitnehmen in die Nacht. Wenn zuviel Unrat in den Schlaf mitgeschleppt wird, wird er sich dort destruktiv auf die Seele auswirken. Er wird sich immer mehr in der Seele festsetzen und am nächsten Tag neuen Schmutz anziehen. Ein kleines abendliches Reinigungsritual täte der gegenseitigen Liebe gut.

Gebet und Meditation

Ein wichtiger Weg der Reinigung ist das Gebet. Mit Gebet meine ich aber nicht, daß ich Gott bitte, daß er mir von außen her allen Schmutz abwäscht. Die Reinigung im Gebet geschieht vielmehr nur dann, wenn ich alles in mir Gott hinhalte, gerade auch meinen inneren Schmutz und meine Schattenseiten. Indem ich es Gott hinhalte, kann sein Licht in das Dunkle und Unklare in mir eindringen und es klären. Ich muß den eigenen Schmutz wahrnehmen, damit er vom Licht Gottes erleuchtet werden kann. Und ich muß vor allem auch meine eigene Frömmigkeit Gott hinhalten und sie von ihm in Frage stellen lassen, ob sie nicht getrübt ist durch eine Ideologisierung krank machender Lebensmuster, ob ich nicht Gott für mich benutze, anstatt mich im Gebet Gott hinzugeben.

Die Reinigung im Gebet kann auf zwei Weisen geschehen: einmal indem ich im Gebet Gottes Liebe in das Trübe und Schmutzige in mir einfließen lasse; zum andern indem ich den inneren Dreck aus mir herauswerfe. Ich stelle mir dann vor, daß ich vor Gott sitze und alles in mir aufsteigen lasse, was hochkommt. Und das werfe ich dann Gott vor die Füße. Der hl. Benedikt hat diese zweite Methode offensichtlich im

Reinigende Rituale für Körper und Seele

Blick, wenn er dem Mönch rät: »Schlechte Gedanken, die sich in unser Herz einschleichen, sofort an Christus zerschmettern und dem geistlichen Vater eröffnen.« (Benediktsregel 4,50) Benedikt bezieht sich hier auf Psalm 137,9: »Wohl dem, der deine Kinder packt und sie am Felsen zerschmettert.« Die Kirchenväter haben diesen Vers auf die bösen Gedanken bezogen. Der Fels war für sie ein Bild für Christus. Schon im Prolog der Regel hatte Benedikt davon gesprochen, daß der Mönch die »Teufelskinder von Gedanken packt und an Christus zerschmettert« (ebd., Prolog 28). Es ist ein eindrucksvolles Bild, das Benedikt dem Mönch vor Augen hält: Er soll seine bösen Gedanken aus sich herauswerfen und am Felsen Christus zerschmettern, so daß sie keine Macht mehr über ihn haben. Es ist ein Akt voller Kraft und Aggression, der den Mönch von seinem inneren Schmutz befreien soll.

Für die frühen Mönche war das Jesusgebet ein Gebet der Reinigung. Sie haben das Jesusgebet bewußt in alle Bereiche der eigenen Psyche hineingebetet. Wenn ich in meine Wut, in meine Enttäuschung, in meine Bitterkeit, in mein inneres Chaos hineinspreche: »Herr Jesus Christus, Sohn Gottes, erbarme dich meiner«, dann läutert sich in mir etwas. Der Ärger verliert seine Macht über mich. Die Trübungen klären sich. Die inneren Verwicklungen lösen sich auf. Ich will mit dem Jesusgebet nicht meinen Ärger wegbeten. Ich nehme den Ärger und das Gekränktsein an, ohne dagegen zu wüten. Ich will meine Emotionen nicht in den Griff bekommen. Ich halte sie Gott hin und spreche das Jesusgebet in die Affekte hinein, ohne inneren Druck, daß sie sich wandeln müssen. Ich gehe liebevoll mit den Affekten um. Im Jesusgebet lasse ich die barmherzige Liebe Jesu in die inneren Trübungen fließen und verbinde damit mein eigenes Wohlwollen, meine eigene Milde und Barmherzigkeit. Dann erlebe ich oft, daß sich die Gefühle nach einer halben Stunde wandeln. Auf einmal spüre ich keinen Groll mehr in mir. Ich erlebe einen tiefen inneren Frieden. Es hat sich etwas in mir geklärt. Ich bin mit mir in Berührung. Der andere hat mit seiner Verletzung keine Macht mehr über mich. Ich lasse ihn sein, wie er ist, ohne noch grollend an ihn zu denken.

Manchmal erlebe ich bei der morgendlichen Meditation vor der Christusikone, wie da trübe Gedanken aufsteigen. Auf einmal fällt mir ein, wie unfair ein Mitbruder mit mir umgegangen ist und wie negativ er über mich geredet hat. Und schon verwickle ich mich in innere Selbstgespräche, in denen ich meine ganze Intelligenz aufwende, um den anderen in seiner Borniertheit bloßzustellen. Mir fallen dann alle möglichen psychologischen Muster ein, die ich dem anderen nachweisen könnte. Doch wenn ich dann auf Christus schaue, spüre ich, daß ich nicht einfach fortfahren kann mit meinen destruktiven Selbstgesprächen. Für mich ist dann das Bild Jesu, der am Kreuz hängt und trotz des zerstörerischen Hasses seiner Feinde nicht bitter geworden ist, eine Herausforderung, mein Inneres zu klären. Ich merke, wie ich mir selbst schade, wenn ich diesen trüben Gedanken nachhänge. Ich halte sie Christus hin und bitte ihn, daß sein Geist und seine Liebe in mich einströmen und alles Bittere und Rachsüchtige aus mir vertreiben. Und ich spüre meine Verantwortung, in diesen Tag mit einem geläuterten Herzen zu gehen und nicht mit der Mördergrube, die sich in meinem Herzen breitmachen möchte.

Reinigende Rituale für Körper und Seele

Für uns Mönche ist das tägliche Chorgebet ein reinigendes Ritual. Viermal am Tag versammeln wir uns zum Beten und Singen der Psalmen. In den Psalmen drücken wir unsere Emotionen aus. Die Psalmen sind nicht nur fromm. Sie bringen alle Emotionen zur Sprache, Liebe und Haß, Angst und Vertrauen, Sorgen und Zweifel, Sehnsucht und Verlassenheit, Schmerzen und Freuden. Indem wir unsere Gefühle aussingen, klären sie sich. Die Verwicklungen unserer eigenen Emotionen mit den Stimmungen, die von außen auf uns einströmen, hören auf. Die innere Gefühlslandschaft hellt sich auf, das Unbewußte lockert sich. Es hat uns nicht mehr im Griff. Auch wenn ich nicht besonders andächtig eine halbe Stunde lang die Vesper gesungen habe, fühle ich mich nachher doch irgendwie aufgeräumt. Ich trage nicht mehr den unklaren emotionalen Ballast mit mir herum. Es ist klarer geworden in meinem Innern. Ein Besucher meinte einmal, beim Singen der Psalmen fühle er sich wie am Strand. Die Wellen kommen und gehen und zurück bleibt ein gereinigter Strand. So reinigt das Psalmensingen seine Seele.

Schon allein die Struktur des Tages, der mich viermal einlädt, meine Arbeit zu unterbrechen, wirkt reinigend auf mich. Ich erlebe immer wieder, wie ich mich tagsüber von Konflikten emotional aufladen lasse. Da kommt ein Mitbruder und beschwert sich, daß etwas nicht gut organisiert ist. Der andere erzählt, daß eine Firma ihre Waren nicht oder falsch geliefert hat. Der Baumeister berichtet von Fehlern, die am Bau passiert sind. Wenn da zuviel auf mich einströmt, dann staut sich in mir Ärger auf. Und wenn ich diesem Ärger Raum lasse, reagiere ich auf jeden Telefonanruf gereizt. Und es wächst in mir das Gefühl, daß mein ganzes Bemühen umsonst ist. Auf einmal sehe ich alles schwarz. Ich fühle mich gelähmt. Ich könnte versuchen, die Verwicklungen dieser Emotionen zu erklären: meinen inneren Widerstand gegen das tägliche Feuerwehrspielen, meinen Unwillen, mir immer nur das Negative anhören zu müssen. Mein Widerstand und mein Unwillen gegen ständige Konflikte laden sich auf mit den Emotionen, die mir die Mitbrüder und Mitarbeiter entgegenbringen. Und schon entsteht ein Emotionsbrei, den ich nur schwer klären kann. Und während der Arbeit im Büro komme ich gar nicht dazu, die inneren Zusammenhänge meiner Emotionen zu erkennen und wieder aufzulösen. Doch wenn ich in die Mittagshore gehe, erlebe ich sie wie eine heilsame Unterbrechung. Ich lasse mich auf die Psalmen ein, höre die Lesung und gehe schweigend zum Mittagessen. Und auf einmal merke ich, wie sich in mir etwas gelöst und geklärt hat. Die innere Verunreinigung, die im Laufe des Vormittags entstand, ist durch die Mittagshore weggewischt worden.

Schweigen

Ein weiterer zentraler Weg der Reinigung war seit jeher das Schweigen. Im Schweigen begegne ich mir selbst. Da tauchen die dunklen Stellen der Seele auf. Das Schweigen kann das Unklare klären. Das Sprechen wühlt die Emotionen auf. Wenn ich schweige, kann sich der Schmutz setzen. Die Mönche vergleichen die Klärung der Trübungen mit dem Wein. Der Wein muß still stehen bleiben, damit sich das Trübe setzt. Wenn der Mönch still bleibt und schweigt, kann sich auch in ihm setzen, was ihn tagsüber oft genug aufwühlt. Im Schweigen begegne ich mir selbst. Da erkenne ich, welche Trübungen mich seit Kindheit an beeinträchtigen. Wenn ich diese Trübungen in die Klarheit Gottes halte, können sie sich auflösen. Das Schweigen reinigt nicht automatisch. Wer seinen inneren Zorn in sich verschließt, bei dem kann das Schweigen den Zorn sogar noch verstärken. Nur wenn ich den Zorn wahrnehme und versuche, ihn im Schweigen loszulassen, kann er sich auflösen. Normalerweise klären sich die Emotionen, wenn sie ausgesprochen und bearbeitet werden. Im Schweigen klären sie sich, obwohl oder vielleicht gerade weil ich sie nicht äußere. Die Mönchsväter glaubten, daß sich Emotionen verstärken, sobald sie ausgesprochen werden. Manche Emotionen muß man durch Schweigen klären. Ein Altvater vergleicht es mit dem Ungeziefer, das in einem Glas eingeschlossen ist. Sobald der Deckel sich öffnet und Sauerstoff einströmt, regt es sich. Wenn der Deckel des Glases lange genug verschlossen bleibt, stirbt das Ungeziefer. Solange ich schweige, kann sich nicht aller Schmutz, den ich aus meiner Umgebung aufsammle, an meine Emotionen hängen. Schweigen führt dazu, daß ich Abstand bekomme zu meinen Emotionen. Aus diesem Abstand heraus kann ich dann meine eigenen Gefühle trennen von allem, was sich mit ihnen verbunden hat. Im Schweigen stirbt das Ungeziefer in meiner Seele ab. Es bekommt keinen Sauerstoff mehr.

Aber das Schweigen will geübt sein. Die Mönche unterscheiden ein inneres und äußeres Schweigen. Es gibt Menschen, die zwar äußerlich schweigen. Innerlich aber reden sie ununterbrochen. Sie kreisen schweigend um ihre Unzufriedenheit oder um die Menschen, die ihnen auf die Nerven gehen. Sie fressen den Ärger in sich hinein. Sie halten ununterbrochen nörgelnde Selbstgespräche. Dann nützt das Schweigen gar nichts. Schweigen bedeutet, das, was in mir immer wieder auftaucht, loszulassen. Aber es gilt das spirituelle Grundgesetz: Ich kann nur loslassen, was ich angenommen habe. Ich muß das, was in mir auftaucht, anschauen. Ich muß mich dem Schmutz stellen. Dann kann ich mich davon distanzieren und ihn loslassen.

Manchmal muß ich dem inneren Lärm aber auch beherzt entgegentreten und ihn zum Schweigen bringen. Das Markusevangelium berichtet uns, daß die Jünger in ihrem Boot in einen heftigen Wirbelsturm gerieten. Während sich die Jünger mit Rudern abmühten, schlief Jesus hinten im Boot. Als sie ihn aufweckten, »stand er auf, drohte dem Wind und sagte zu dem See: Schweig, sei still! Und der Wind legte sich, und es trat völlige Stille ein.« (Mk 4,39) Der innere Sturm in uns entsteht, wenn wir nicht mehr in Berührung sind mit dem Jesus in uns, mit unserer inneren Mitte, mit unserem wahren Selbst. Wir müssen dann wieder Fühlung aufnehmen mit dem Christus in uns und wie Jesus aufstehen und den inneren Turbulenzen gebieten, daß sie schweigen sollen. Manche Gedanken, die immer wieder in uns auftauchen und uns innerlich beschmutzen, müssen wir kraftvoll aus uns herauswerfen, damit wir wieder klar denken können. Das ist kein Unterdrücken, sondern ein bewußtes Gebieten, damit das Selbst wieder Herr im Hause ist und sich nicht mehr von tausend Gedanken hin- und herschaukeln läßt.

Das Schweigen kann wie ein Bad sein, in das die Seele eintaucht. Wenn ich einen ganzen Tag schweigend wandere, dann fühle ich mich danach anders. Ich habe im Schweigen gar nicht viel bearbeitet. Die Stille war vielmehr wie ein reinigendes Bad für meine Seele. Es ist etwas zur Ruhe gekommen. Vieles ist einfach abgefallen. Beim Bad reibe ich nicht gewaltsam den Schmutz ab. Wenn ich mich in die Badewanne lege, dann löst sich der Schmutz von selbst auf. So ähnlich ist es mit dem Schweigen. Das, was mein Inneres verunreinigt hat, löst sich langsam auf. Und die Seele kann wieder frei atmen. Wir brauchen immer wieder solche Zeiten der Stille, in denen sich lösen kann, was sich in unserer Seele an Staub angesammelt hat.

Musik

Für die Pythagoreer war die Musik ein wichtiges Mittel der Reinigung. Diese Erfahrungen machen auch heute viele Menschen. Mir erzählte ein Mann, er höre immer klassische Musik, wenn er sich innerlich zerrissen und emotional aufgewühlt fühle. Wenn er sich auf die Musik einläßt, dann fühlt er sich nachher wie gereinigt. Pythagoras war der Überzeugung, daß die emotionale Verschmutzung auch den inneren Rhythmus durcheinanderbringt. Der Mensch ist nicht mehr im Einklang mit sich selbst. Es ist ein seelischer Mißklang, der ihn bestimmt. Die Musik stellt den inneren Rhythmus wieder her und führt den Menschen dazu, wieder mit sich in Einklang zu kommen. Wir wissen oft nicht, warum wir uns nach einer schönen Musik innerlich gereinigt fühlen. Vielleicht kommt es daher, daß wir durch die Musik unseren eigenen Rhythmus finden und alles von uns wegfällt, was diesen Rhythmus verhindert und uns aus dem Gleichgewicht bringt. Wer sich im Einklang mit sich selbst fühlt, der erfährt dieses Gefühl als innere Reinigung.

Musik

Wenn ich eine Bachkantate höre – mit dem Kopfhörer und bei geschlossenen Augen –, dann erfahre ich manchmal eine innere Läuterung. Die Musik durchdringt meinen ganzen Leib. Bachs Musik ist für mich heilende Musik. Sie ist in sich klar und klärt in mir das Trübe. Wenn ich nur Ohr bin für diese Musik, dann erlebe ich mich nach einer Kantate aufgeräumter, klarer, durchsichtiger. Oder wenn ich das »Et incarnatus est« aus der Großen Messe c-moll von Wolfgang Amadeus Mozart höre, mit der klaren Stimme von Maria Stader, dann erfahre ich, wie sich alles Trübe in mir aufhellt. In der Musik berühre ich das Geheimnis der Menschwerdung Jesu. Er steigt in meine Wirklichkeit hinab und reinigt in mir, was vermischt ist mit dem Unrat, der täglich auf mich einströmt und sich in mir festsetzt.

Mir erzählen viele Priester, daß sie sich mit ihren Abendritualen schwertun. Sie kommen frustriert von einer Sitzung zurück. Sie fühlen sich innerlich verstaubt von den oberflächlichen Diskussionen oder gar beschmutzt von den gegenseitigen Vorwürfen, die sie im Pfarrgemeinderat anhören mußten und denen sie nichts entgegensetzen konnten. Oft genug stopfen sie dann den Ärger zu, indem sie essen und trinken und sich vor den Fernseher setzen. Doch das, was sie zugestopft haben, kommt während der Nacht im Unbewußten wieder hoch. Es hat sich noch verbunden mit dem, was sie im Fernsehen wahrgenommen haben. So entsteht ein inneres Chaos, ein Sumpf, der in der Nacht ihrer Seele schadet. Sie haben unruhige Träume. Auch wenn sie sich morgens an keine Träume erinnern können, so wachen sie mit einem diffusen Gefühl von Unzufriedenheit auf. Sie sind gleichsam noch vom Vortag beschmutzt. Da hilft dann auch das Duschen allein nicht. Es käme darauf an, all das Unklare, das sie während des Tages in sich aufgesogen haben, abends zu klären. Ein gutes Abendritual wäre, sich mit allem, was sie in sich spüren, hinzusetzen und eine CD aufzulegen mit der Musik, die sich das Herz gerade wünscht. Oft haben wir ein gesundes Gespür dafür, welche Musik uns gerade jetzt guttun würde. Wenn ich dann diese Musik höre und nur Ohr dafür bin, dann klärt sich etwas in mir. Ich fühle mich nachher gereinigt und kann in einer anderen Verfassung ins Bett gehen.

Gehen und Wandern

Für andere ist das Gehen ein wichtiger Weg der Reinigung. Wenn ich sehr aufgewühlt bin, hilft mir das Gehen, Abstand zu den Erlebnissen zu gewinnen, die mich so im Griff haben. Ich denke im Gehen nicht über die Probleme nach. Sie fallen einfach von mir ab. Und wenn ich wütend über einen Menschen weggegangen bin, kehre ich verwandelt zurück. Der Zorn ist verflogen. Ich habe mich von der inneren Bitterkeit gereinigt. Ich fühle mich freier, klarer, reiner. Sören Kierkegaard meinte einmal, er kenne keinen Kummer, von dem er sich nicht freigehen könnte. Die gleichmäßige körperliche Bewegung hat eine reinigende Wirkung. Psychologen haben festgestellt, daß ein körperliches Ausagieren die Seele besser von Ärger und Unzufriedenheit befreit als ein Aussprechen, das die negativen Gefühle sogar noch verstärken kann.

Wandern ist für mich zuerst einmal Auswandern. Ich wandere aus aus allen Abhängigkeiten, aus dem, was an mir klebt und mein wahres Selbst trübt. Ich wandere aus aus den Emotionen, die mich im Griff haben, aus dem Ärger, der Traurigkeit, der Müdigkeit, der Resignation, der Eifersucht. Und Wandern ist ein stetiger Wandlungsprozeß. Ich gehe immer weiter. Im Gehen kann ich nichts festhalten. Ich lasse die Gedanken los, die in mir auftauchen, und die Emotionen, die mich bestimmen möchten. Ich gehe mich frei von allem, was mich beherrschen möchte, damit meine eigentliche Gestalt immer mehr zum Vorschein kommt. Und im Gehen wird mir bewußt, wohin ich eigentlich gehe. Das Wort von Novalis begleitet mich: »Wohin denn gehen wir? – Immer nach Hause.« Gehen hat immer ein Ziel. Letztlich ist das Ziel immer ein Zuhause, eine Heimat, in der ich daheim sein kann. Nach dem Wandern kann ich das warme Wohnzimmer genießen. Aber zugleich habe ich eine Ahnung davon, daß ich auf ein ewiges Ziel hin wandere, eine Heimat, die nicht von dieser Welt ist, die in meinem eigenen Zuhause nur aufleuchtet, aber nicht erfüllt wird.

Viele kennen das tägliche Ritual, daß sie nach der Arbeit erst einen Spaziergang machen, bevor sie sich auf die Familie daheim einlassen. Sie haben die Erfahrung gemacht, daß ihnen dieses Ritual hilft, wirklich ganz daheim zu sein, wenn sie die Haustür aufmachen. Wenn sie ohne das Wanderritual nach Hause kommen, ist ihr Kopf oft noch voll von den Problemen der Arbeit. Und sie geben den Schmutz, den sie in der Arbeit aufgesogen haben, an die eigene Familie weiter. Sie können sich gar nicht erklären, warum es nach der Arbeit immer Streit gibt oder warum eine so negative Stimmung herrscht. Weil sie die eigene Stimmung nicht geklärt haben, geben sie das Ungeklärte weiter.

Reinigende Rituale für Körper und Seele

Doch oft hilft ein kurzer Spaziergang nicht. Da braucht es schon einen ganzen »Wandertag«, damit sich das, was sich tief in mir festgesetzt hat, klären kann. Nach einem solchen Tag des Wanderns fühle ich mich wie neugeboren. Die frische Luft hat gutgetan. Ich konnte aufatmen. Die Erde mit ihrem würzigen Geruch hat allen inneren Mief aus mir vertrieben. Es ist nicht nur das Gehen, das reinigt, sondern auch die Begegnung mit den vier Elementen. Seit jeher hat man die reinigende Wirkung der vier Elemente für den inneren Reinigungsprozeß ausgenutzt. Die reine Luft reinigt die Seele. Der stürmische Wind weht alles aus mir heraus, was sich eingenistet hat. Die Berührung mit der Erde reinigt. In dem Buch »Der Traumfänger« erzählt die Autorin von ihrer Wanderung mit den Ureinwohnern Australiens. Da sie keine Gelegenheit zum Waschen fanden, ging von ihrem Körper ein übler Geruch aus. Da gruben sie ihre Gefährten in die Erde ein, um sie von ihrem Gestank zu befreien. Der Dreck der Erde hat das übel Riechende gereinigt. Wer im Regen spazierengeht, der erlebt es auch als reinigend. Im Regen zu wandern, das hat eine eigene Qualität. Es ist wie ein Reingewaschenwerden durch den Regen. Und auch das Feuer der Sonne kann reinigen. Gerade im Frühjahr und im Herbst hat die Sonne diese reinigende Wirkung. Sie hellt die dunkle Stimmung auf. Sie erfüllt das Herz mit Freude und Klarheit. Im milden Licht der Herbstsonne höre ich auf, mein Inneres überkritisch zu sezieren. Ich schaue mit einem milden Blick auf meine Seele. Unter diesem milden Blick bekommt alles ein anderes Gesicht. Alles darf sein. Alles wird rein.

Träume

Ein weiterer Ort, an dem innere Reinigung geschehen kann, sind die Träume. In den Träumen begegnen wir oft dem inneren Unrat. Da sieht es chaotisch in uns aus. Wir geraten in Kellerräume, in denen sich viel Abfall angehäuft hat. Das zeigt, daß wir noch ein Stück Reinigungsarbeit vor uns haben. Eine Frau träumte, daß sie in den Keller gehen mußte, um dort ein großes Giftfaß zu entsorgen. Sie hatte Angst, sie wäre der Aufgabe nicht gewachsen. Aber je näher sie dem Giftfaß kam, desto kleiner wurde es. Zuletzt war es nur ein kleiner Beutel, den sie in die Hand nehmen und heraustragen konnte. Offensichtlich war das Unbewußte der Frau vergiftet von all dem, was sie verdrängt hatte. Der Traum zeigte ihr auf der einen Seite das Gift in ihrem Innern. Auf der anderen Seite offenbarte ihr der Traum, daß sie schon auf dem Weg war, das eigene Unbewußte zu erforschen. Und der Traum machte ihr Mut, auf diesem Weg weiterzugehen. Je mehr sie sich in ihr Unbewußtes hineinwagte, desto kleiner wurde das Giftfaß. Sie konnte ohne Gefährdung das in ihrer Tiefe angesammelte Gift entsorgen.

Manchmal träumen wir von Toiletten. Wir gehen auf die Toilette und können das Wasser nicht lassen. Das ist immer ein Bild dafür, daß wir etwas loslassen sollten. Oder wir möchten auf die Toilette gehen, aber sie ist völlig verschmutzt. So ein Traum will uns mahnen, Altes loszulassen und es herunterzuspülen. Eine Frau träumte, daß sie in einem Teich schwamm. Das Wasser war ganz trüb. Es war unangenehm, darin zu schwimmen. Doch allmählich wurde das Wasser immer klarer, bis es zuletzt ganz sauber war. Dieser Traum offenbarte, daß sich in ihr ein Reinigungsprozeß vollzog. Träume zeigen oft innere Prozesse an. Manchmal geben sie uns eine Aufgabe. Aber oft sagen sie uns, daß in uns schon etwas in Gang ist, was wir nun auch bewußt unterstützen sollten. Der Traum lud die Frau ein, noch bewußter in ihrem Unbewußten zu schwimmen, bis sich alles Unreine und Trübe geklärt hat.

Wenn ich mich morgens beim Aufwachen an meine Träume erinnere, dann halte ich sie Gott hin. Alles, was in mir durcheinander ist, was getrübt ist in meiner Seele, halte ich im Gebet Gott hin, damit er es klärt. In meinem Unbewußten sind viele Bilder, die von Gottes Licht gereinigt werden müssen. Und nur wenn ich all das Unreine dieser unbewußten Bilder in das Licht Gottes halte, werde ich – so hat es Evagrius Ponticus immer beschrieben – offen für das wahre Gebet, für die Kontemplation. Die Bilder der Seele prägen meine Emotionen und mein Handeln. Sie müssen gereinigt werden, damit ich »rein« beten kann. Reines Gebet besteht für Evagrius darin, daß ich nicht mehr von Vorstellungen, Gedanken und Emotionen gestört werde. Diese Reinigung kann ich nicht selbst bewirken. Evagrius ist überzeugt: »Der Mensch kommt nicht allein durch sein eigenes Tun zur Vollendung, das sich von außen her nach innen richtet, er muß noch in den Tiefen seines Geistes umgewandelt werden, wo sich in den letzten Winkeln seines Seins für die Außenwelt unerreichbare unbewußte Bilder verbergen.« (Bamberger 22) In den Träumen steigen die unbewußten Bilder in mir auf und offenbaren mir, wie es in den Abgründen meiner Seele aussieht. Wenn ich sie Gott hinhalte, kann er mich bis in den Grund meiner Seele reinigen.

Die Fastenzeit – Frühjahrsputz für Leib und Seele

Seit jeher galt das Fasten als körperliche und seelische Reinigungskur. Fasten entschlackt den Körper und baut das ab, was den Körper belastet und verunreinigt. Die Medizin hat die reinigende Wirkung des Fastens neu entdeckt. Dr. Buchinger, der Begründer des Heilfastens, schreibt:»Das Heilfasten ist im wesentlichen eine Ausscheidungskur, eine Reinigungskur der gesamten Körpergewebe und -säfte. Der gesamten! Der Satz des alten Galen hat wörtlich recht: ›Abstinentia totum corpus aequaliter purgat.‹« (Grün, Fasten 21)

Viele Menschen leisten sich in der Fastenzeit den Luxus einer Fastenwoche. Die Fastenwoche beginnt mit einer Reinigung des Darmes. Das kann durch Trinken von Glaubersalz oder FX-Salz geschehen. Wenn der Darm gereinigt wird, kann man leichter fasten und dem sonst oft auftretenden Kopfweh entgehen. Dann trinkt man eine Woche lang nur Wasser, Tee und Fruchtsaft. Mittags nimmt man eine Gemüsebrühe zu sich. Es gibt auch andere Weisen des Heilfastens, etwa die Mayer-Kur, in der man täglich ein trockenes Brötchen ganz langsam kaut. Eine halbe Stunde soll man sich dazu Zeit nehmen. Wer dieses Fasten eine Woche lang – manche fasten auch zwei Wochen oder noch länger – durchhält, der erlebt eine innere und äußere Reinigung. Seine Sinne werden wacher und klarer. Sein Beten wird intensiver. Es ist nicht mehr gestört durch den getrübten Blick der Müdigkeit. Seine Träume werden klarer. Er fühlt sich innerlich gereinigt.

Wenn ich in unserem Gästehaus eine solche Fastenwoche anbiete, verbinde ich es mit dem Schweigen. Fasten

Reinigende Rituale für Körper und Seele

intensiviert das Schweigen und umgekehrt. Fasten und Schweigen führen nicht nur zur körperlichen, sondern auch zur seelischen Reinigung. Im Schweigen während der Fastenwoche kann alles ungehindert in unserer Seele aufsteigen, was wir sonst verdrängt haben. Da lockert sich das Unbewußte. Und wir erkennen klarer, was der Grund unseres Ärgers und unserer Unzufriedenheit ist. Wir entdecken, was sich alles an unsere eigenen Verletzungen angehängt hat, wie sehr sich unsere verwundete Seele mit den Verletzungen der anderen aufgeladen hat. Wir können klar unterscheiden, was unsere eigenen Wunden sind und wo sie sich verstärkt haben durch die Reaktionen der verwundeten Menschen unserer Umgebung.

Die Kirche bietet uns jedes Jahr im Frühjahr eine vierzigtägige Fastenzeit an als Zeit, in der wir Leib und Seele reinigen. Man könnte die Fastenzeit als eine Art Frühjahrsputz für Leib und Seele bezeichnen. Der hl. Benedikt rät den Mönchen, in den Tagen der Fastenzeit »in aller Lauterkeit« auf ihr Leben zu achten (»omni puritate vitam suam custodire«) und die Nachlässigkeiten (»neglegentias« – »Unachtsamkeiten«), die sich eingeschlichen haben, zu tilgen (Benediktsregel, Kapitel 49,2f). Benedikt versteht die Fastenzeit als Zeit der inneren und äußeren Reinigung. Der Mönch soll bewußter leben, mehr beten und Fehlverhalten vermeiden. Die Fastenzeit ist eine Zeit des Trainings für die Erlangung innerer Freiheit. Während in der Natur alles gereinigt wird, bietet sich die Zeit zwischen Winter und Frühling auch an, Leib und Seele zu reinigen. Das geschieht in der Askese, in der ich bewußt auf manches verzichte, etwa auf Süßigkeiten oder auf Alkohol. Dieser Verzicht ist eine Einübung in die innere Freiheit. Indem ich verzichte, beweise ich mir, daß ich noch nicht abhängig bin von Kaffee, Süßigkeiten oder Alkohol. Die Erfahrung der inneren Freiheit tut gut. Und ich spüre, wie nicht nur der Körper leichter wird, sondern auch die Seele.

Der jährliche Frühjahrsputz kann sich auch ganz konkret darin ausdrücken, daß man seine Wohnung einmal durchforstet und überlegt, was man alles weggeben oder entsorgen sollte. Die Fastenzeit lädt uns dazu ein, unser Leben zu vereinfachen. Ich kann mich fragen, ob ich alles brauche, was sich in meiner Wohnung angesammelt hat. Es wäre gut, in der Fastenzeit einmal durch alle Räume meiner Wohnung zu gehen und mir alles unter dem Blick anzuschauen, ob ich es brauche oder nicht, ob es meine Seele verstellt oder nicht. Und dann sollte ich den Mut haben, alles Überflüssige wegzugeben. Die Psychologen wissen darum, daß eine zu vollgestellte Wohnung auch unsere Seele verstopft. Sie kann nicht mehr frei atmen. Heute gibt es von China her kommend eine eigene Philosophie der Wohnungsgestaltung. Alles Überflüssige schadet.

In unserer Gemeinschaft hat uns der Abt während der Fastenzeit an einem Besinnungstag einmal eingeladen, zwei Stunden lang unsere Klosterzelle zu reinigen und alles Überflüssige entweder zu entsorgen oder in einen eigenen Raum zu tragen, in dem es gesammelt wurde, um eventuell auf dem Flohmarkt verkauft oder an bedürftigere Menschen verschenkt zu werden. Es war erstaunlich, welche Dynamik dieses gemeinsame Reinigungsritual entfachte. Da wurde geräumt und sauber gemacht. Da wurde ganz viel Überflüssiges weggeworfen und vieles, was sich an Geschenken angesammelt, aber den Schreibtisch nur vollgestellt hatte, in den dafür vorgesehenen Raum getragen. Wir waren selber überrascht, was da alles zusammenkam. Die Mitbrüder hatten nachher das Gefühl, in ihrer Zelle wieder richtig atmen zu können. Das gemeinsame Reinigungsritual entlastete nicht nur die Arbeit der Hausmeister. Es trug auch zur Reinigung der Atmosphäre in der Gemeinschaft bei und zur inneren Freiheit des einzelnen.

Für eine Familie wäre eine solche gemeinsame Reinigungsaktion während der Fastenzeit sicher auch sinnvoll. Früher war ja der Samstag ein gemeinsamer Reinigungstag für die ganze Familie. Da wurde nicht nur das Haus gereinigt. Es war auch der Tag, an dem alle in die Badewanne gingen, um sich für den Sonntag zu reinigen und schön zu machen. Solch ein gemeinsames Reinigungsritual hat die ganze Familie immer wieder auf neue Weise miteinander verbunden und auf den Sonntag vorbereitet. Wenn sich eine Familie in der Fastenzeit einmal einen gemeinsamen Reinigungstag leisten würde, könnte das für das Miteinander erfrischend und belebend sein. Das gemeinsame Ritual würde der Familie zeigen, woraus sie wirklich leben möchte und was sie auf ihrem Weg behindert. Das Leben zu vereinfachen, ist eine große Sehnsucht der Menschen. Aber meistens bleibt es bei der Sehnsucht, ohne daß man das Vereinfachen anpackt. Die Fastenzeit als Reinigungszeit lädt uns ein, jeden einzelnen für sich und alle gemeinsam, das Leben zu vereinfachen.

Vereinfachen bezieht sich nicht nur auf die Wohnung und alles, was sich darin angesammelt hat. Ich sollte auch meinen Lebensstil beobachten, wo sich da etwas vereinfachen ließe. Da wäre zuerst einmal der Terminkalender. Ich gehe

Die Fastenzeit – Frühjahrsputz für Leib und Seele

meine Tage durch, um zu sehen, wo ich sie mit Terminen vollgestopft habe. Was ist da wirklich notwendig? Regt sich in mir Widerwillen, wenn ich an bestimmte Termine denke? Ich soll den inneren Widerstand ernst nehmen. Er zeigt mir, daß ich mich da in der Festlegung der Termine überrumpeln ließ. Es tut mir nicht gut, gegen den Widerstand meiner Seele die Termine wahrzunehmen. Ich kann überlegen, was ich noch absagen kann. Oder aber ich kann mir neue Regeln geben, wie ich in Zukunft mit meinem Terminkalender umgehen möchte. Es geht nicht nur um die Termine, an denen ich Verpflichtungen wahrnehmen muß. Wie sieht überhaupt mein Tagesplan aus? Bin ich damit zufrieden? Habe ich den Eindruck, daß ich selber lebe? Oder werde ich gelebt? Wie steht es mit dem Beginn des Tages oder mit der Gestaltung des Abends? Bin ich da zufrieden? Ich sollte meinen Tag nicht wieder mit Ritualen vollstellen. Aber ich sollte mich fragen, ob mir die Tagesordnung guttut oder nicht, ob ich darin atmen kann oder kurzatmig werde.

Einer eigenen Überprüfung bedarf das Wochenende. Als ich einmal bei einem Führungskurs für Manager von Daimler-Chrysler die Eigenschaften des Cellerars vorlas und erklärte, fühlte sich ein Abteilungsleiter vor allem von dem Wort »Vielesser« angesprochen. Der Cellerar soll kein Vielesser sein. Das bezieht sich nicht nur auf das Essen, sondern überhaupt auf seinen Umgang mit allem, mit seiner Zeit, mit seinen Aktivitäten. Dieser Abteilungsleiter hatte nicht das Problem, daß er zuviel aß. Er war eher zu schlank. Doch er erkannte, daß er zuviel in seine Zeit hineinstopfte. Wenn er daheim war, meinte er, er müsse die Zeit ausnützen und jetzt möglichst viel mit seinen Kindern unternehmen. Doch die Kinder hatten gar nicht immer das Bedürfnis, daß möglichst viel los sein müsse. Sie wollten einfach nur, daß der Vater da war, für sie bereit war, mit ihnen spielte, wenn sie es wollten. So wie es diesem Abteilungsleiter ging, erleben es wohl viele Menschen, die während der Woche von ihrem Beruf sehr in Anspruch genommen sind. Sie meinen, jetzt müßten sie in der Familie alles nachholen, was sie während der Woche versäumt haben. Andere glauben, sie müßten vor ihren Chefs dadurch glänzen, daß sie noch zwei Aktenkoffer mit Arbeit ins Wochenende mitnehmen. Gott hat am siebten Tag von seinem Werk ausgeruht. Das ist ein Bild auch für unseren Sonntag. Er soll vor allem ein Tag der Ruhe sein, der nicht mit Aktivitäten vollgestopft ist, sondern an dem wir aufatmen und die Ruhe genießen können.

Die Reinigungskur der Fastenzeit sollte auch die Eßgewohnheiten einmal überprüfen. Esse ich bewußt oder stopfe ich nebenher alles mögliche in mich hinein? Wähle ich mein Essen bewußt aus oder nehme ich alles, was sich mir anbietet? Beschränke ich mein Essen auf die Mahlzeiten? Nehme ich mir Zeit für die Mahlzeiten? Habe ich eine Eßkultur oder schlinge ich das Essen möglichst schnell in mich hinein? Für mich ist die Fastenzeit immer eine willkommene Zeit, mein Essen wieder in Ordnung zu bringen. In der Weihnachtszeit bin ich immer in Gefahr, abends beim Schreiben oder Lesen noch etwas von den Süßigkeiten zu essen, die ich geschenkt bekommen habe. Doch ich spüre, daß mir das auf Dauer nicht guttut. In der Fastenzeit ist es klar, daß ich keine Süßigkeiten esse und keinen Alkohol trinke. Meistens hält die neue

Disziplin im Essen dann doch bis Weihnachten an. Auf diese Weise habe ich dann auch kein schlechtes Gewissen, wenn ich mir in der Weihnachtszeit die Süßigkeiten schmecken lasse. Damit ich die innere Freiheit auch im Chaos des Alltags weiter lebe, braucht es natürlich auch Disziplin. Es geht nicht automatisch. Ich brauche dann andere Abendrituale. Statt Süßigkeiten zu essen, trinke ich Wasser oder esse ich einen Apfel. Die Disziplin verstehe ich nicht als Härte, sondern als Ausdruck, daß ich mein Leben selbst in die Hand nehme und gestalte.

Ehepaare überlegen sich in der Fastenzeit, wie sie wieder einfacher essen können. Die Gefahr ist ja, daß man sich von der Werbung anstecken läßt, das Essen immer mehr zu verfeinern. Das einfache und gesunde Essen während der Fastenzeit tut gut. Und oft wächst dann die Sehnsucht, die Einfachheit auch länger durchzuhalten. Die Einfachheit des Essens ist nicht Selbstzweck. Sie ist auch ein Baustein auf dem Weg, ein einfaches Herz zu erlangen. Und die Einfachheit des Herzens hat sehr viel mit Reinheit und Absichtslosigkeit zu tun. Ich will nur das eine und nicht auch noch tausend Dinge nebenbei.

Das Ziel der Fastenzeit und der jährlichen Reinigungskur ist die innere Reinheit und Klarheit des Menschen. Diese Klarheit bezieht sich nicht nur auf die Sinne, mit denen ich die Welt bewußter wahrnehme, sondern auch auf das Gebet. In der geistlichen Tradition wurde das Fasten als Weg zur Kontemplation gesehen. Das Beten wird reiner und klarer. Es ist nicht mehr getrübt vom inneren Unrat. Tertullian sieht das Fasten als Bedingung für die Verklärung an. So hat Jesus auf dem Berg der Verklärung Mose und Elija getroffen. Sie waren Genossen seines Fastens. Nun werden sie auch zu Genossen seiner Herrlichkeit. Im Fasten klärt sich etwas auf. Die eigentliche und ursprüngliche Gestalt kommt zum Vorschein. Der Himmel öffnet sich, und wir kommen Gott näher. Daher hat man das Fasten immer als Weg zur Erleuchtung verstanden. Das Fasten dient dem Ziel des mystischen Weges, alles klar zu sehen und in allem Gott zu schauen. Die christlichen Mystiker, die dem griechischen Philosophen Plotin nahestanden, strebten danach, durch Fasten »die Seele von allen Fesseln des Sinnlichen frei zu machen, um dadurch eine Reinigung, Verähnlichung und Vereinigung mit dem Göttlichen zu erreichen« (Arbesmann 467).

Die Urlaubszeit

Die Urlaubszeit ist für mich jährlich eine heilige Zeit. Es geht mir dabei nicht nur um Erholung, sondern auch um die innere Freiheit und Klarheit. Daher kann ich im Urlaub nicht viele Menschen ertragen. Ich brauche Ruhe und Abgeschiedenheit. Ich wandere viel, und ich nehme mir Zeit, zu lesen oder einfach dazusitzen und die Landschaft zu betrachten. Der abendliche Sternenhimmel ist mir wichtig. Da wird mein Herz weit. Und ich kann frei atmen. Die Urlaubszeit ist für mich auch eine Zeit, in der ich einfacher esse als während des Jahres.

Urlaub kommt von »erlauben«. Ursprünglich kommt Urlaub von der Erlaubnis, die mir ein Höhergestellter gibt, wegzugehen. Dann meint Urlaub die Freistellung von einem Dienstverhältnis. Doch wenn wir seine Wortbedeutung ge-

Die Urlaubszeit

nauer anschauen, hat »Urlaub« und »erlauben« mit der althochdeutschen Wurzel »liob« zu tun. »Liob« heißt: gern haben, begehren, lieb, freundlich und gut. Urlaub meint dann die Zeit, in der ich mir erlaube, so zu sein, wie ich bin. Ich steige aus aus dem Dienstverhältnis. Ich steige aus aus dem Erwartungsdruck der Menschen. Es ist mir gleich, was die anderen von mir wollen. Ich darf mir erlauben, mein eigenes Leben zu leben, mir meine Wünsche zu erfüllen, ohne Rücksicht auf das, was nützlich ist, was Geld bringt. Der Mensch braucht diese Erlaubnis, einfach zu sein, einfach zu leben. Sonst definiert er sich nur noch von seinem Dienstverhältnis, von seiner Funktion, von seiner Rolle, die er in der Gesellschaft spielt.

Urlaub heißt aber auch, daß ich mich selber gerne habe, daß ich gut mit mir umgehe, daß ich mir Gutes gönne. Viele können heute keinen Urlaub machen, weil sie sich nicht gern haben, weil sie sich selbst nicht lieben. Für sie ist der Urlaub ein einziger Streß. Sie müssen viel erleben, weil sie nicht fähig sind, wirklich zu leben, weil sie nicht bei sich sind. Sie können nicht im Augenblick leben. Doch die Fähigkeit zu leben hat mit der Fähigkeit zu tun, ganz im Augenblick zu sein, ganz bei mir und in mir zu sein. Viele sind im Urlaub auf der Flucht vor sich selbst. Sie lieben sich nicht, sondern sie hassen sich. Deshalb sind sie auch im Urlaub gehetzt. Sie hetzen von einem Ort zum andern, um vor sich selbst davonzulaufen.

Die frühen Mönche haben diese Haltung der Ruhelosigkeit »akedia« genannt. Es ist die Unfähigkeit, im Augenblick zu sein. Akedia ist die Weigerung, sich auf das einzulassen, was gerade ist. Es sind die Menschen, die stöhnen, daß sie zuviel Arbeit haben. Wenn sie arbeiten, möchten sie am liebsten Urlaub machen. Doch wenn sie im Urlaub sind, ist es ihnen langweilig. Sie können weder das Arbeiten noch das Beten, ja nicht einmal das Nichtstun genießen. Das Nichtstun zu genießen ist aber die Voraussetzung, mich ganz auf den Augenblick einzulassen. Ich genieße es, frei zu sein, nichts leisten zu müssen, keine Urlaubsbilder daheim vorweisen zu müssen. Ich halte nichts fest, sondern genieße den Augenblick.

Viele Menschen kommen vom Urlaub gestreßt zurück. Sie haben sich nicht erholt. Sie haben sich nicht geholt, was sie brauchen. Ihr Urlaub war keine Ferienzeit. Ferien bezeichnen die geschäftsfreien, die gerichtsfreien Tage, die Ruhetage. Bei vielen ist der Urlaub nicht geschäftsfrei. Sie sind ständig mit etwas beschäftigt. Sie machen einen geschäftigen Eindruck und sind unfähig, wirklich zur Ruhe zu kommen. Es ist keine gerichtsfreie Zeit. Ständig richten und urteilen sie über sich selbst oder über andere. Manche müssen jedes Essen beurteilen, das sie im Ausland vorgesetzt bekommen. Sie sitzen zu Gericht über die andersartigen Menschen. Sie sind unfähig, das Fremde wahrzunehmen und sich davon bereichern zu lassen. Weil sie über sich oder andere richten, weil sie alles bewerten, haben sie Angst vor dem Augenblick, in dem sie nicht über andere reden können, sondern mit sich selbst und ihrer eigenen Wahrheit konfrontiert sind.

Andere sehnen sich danach, im Urlaub einmal eine Woche ganz allein auf einer Hütte oder auf einer einsamen Insel zu sein. Sie möchten von allem befreit sein, was sie während des Jahres belastet. Solche einsamen Zeiten in einfachen Verhältnissen sind immer reinigende Zeiten. In der Stille der

Einsamkeit kann sich die Verknotung unklarer Gedanken lösen. Auf einmal kann man wieder klar sehen, worum es eigentlich geht und was man im Grunde möchte. Der Urlaub wäre eine gute Zeit, sich von vielem inneren und äußeren Ballast zu befreien. Aber er will auch gut geplant sein. Manche nehmen sich zuviel vor. Sie möchten den Urlaub möglichst gut ausnützen und alles sehen, was sich ihnen anbietet. Doch dann stopfen sie auch die freie Zeit mit Beschäftigung zu. Ein solcher Urlaub kann die Seele nicht reinigen. Daher ist es sinnvoll, seine Urlaubsgestaltung einmal unter die Lupe zu nehmen und sich zu fragen, ob man zufrieden ist, wie der Urlaub in den letzten Jahren gelaufen ist. Was täte der Seele gut? Wonach verlangt der Leib? Wie müßte der Urlaub aussehen, damit er zur Reinigungskur werden kann?

Geistliche Begleitung

Eine uralte Weise der spirituellen Reinigung ist die geistliche Begleitung. Ähnlich wie in der Therapie geschieht die Katharsis vor allem durch Erzählen. Ich erzähle dem Begleiter, was mich bewegt. Der Begleiter fragt nach, um zu klären, worum es wirklich geht, was mein tiefstes Problem ist. Indem ich meine Gedanken und Gefühle und meine Erlebnisse vor einem aufmerksamen Zuhörer in Worte fasse, klärt sich schon für mich etwas. Und es ist Aufgabe des geistlichen Begleiters, mich in diesem Klärungsprozeß zu unterstützen. Damit ihm das gelingt, muß er selbst klar geworden sein.

Die frühen Mönche haben vom geistlichen Begleiter gefordert, daß er sich erst selbst reinigt, bevor er andere begleiten möchte. Ein Schritt bei dieser Reinigung ist die Klärung der eigenen Motive. Denn in die geistliche Begleitung mischen sich unlautere Motive. Als geistlicher Begleiter bin ich in der stärkeren Position. Manche Begleiter brauchen Menschen, die sie begleiten. Ohne die Begleiteten würden sie ihre eigene Identität nicht finden. Sie benutzen andere, um ihre Bedürfnisse nach Nähe und Bestätigung auszuleben. Aus solch unklarer Begleitung kann kein Segen erwachsen. Da entstehen eher Abhängigkeit und emotionale Bindung gegenüber dem Begleiter. Nicht nur die Motive des Begleiters müssen klar sein, sondern auch die des Begleiteten. Manche suchen einen geistlichen Begleiter, um einen Freund zu bekommen, um jemanden auf ihre Seite zu ziehen und ihn für sich zu haben. Die emotionale Abhängigkeit, die oft in der geistlichen Begleitung zu beobachten ist, ist eine Anfrage an Begleiter und Begleitete, ob die Motive wirklich rein sind, ob man die innere Reinigung möchte oder aber nur eine Hilfe, damit man nicht alleine ist.

Für C. G. Jung besteht die größte Gefahr des geistlichen Begleiters darin, daß er sich mit einem archetypischen Bild identifiziert, zum Beispiel mit dem Bild des Heilers oder des Helfers. Wenn mir ein Mann erzählt, daß er schon drei Therapien hinter sich hat, die ihm nicht geholfen haben, dann springt in mir sofort der Archetyp des Helfers an: »Ich könnte ihm helfen.« Doch dann ist meine Motivation nicht mehr rein. Ich bin vielmehr vom Ehrgeiz gepackt und möchte dem Mann zeigen, daß ich in der geistlichen Begleitung viel wirksamer arbeite. Oder wenn eine Frau sich beklagt, daß sie niemanden hat, der sie in den Arm nimmt und sie mag, springt in mir sofort der Archetyp des Heilers an: »Ich könnte ihr die

Nähe zeigen. Ich könnte sie in den Arm nehmen.« Doch dann würde der Archetyp des Heilers mich blind machen für meine eigenen Bedürfnisse. Ich würde meine Bedürfnisse nach Nähe unter dem Deckmantel des Heilens ausleben. Und dann kann in der Begleitung nicht wirklich Reinigung und Heilung geschehen. Meine Motive sind unrein. Und diese unreinen Motive trüben auch den geistlichen Prozeß bei denen, die ich begleite.

Die Wüstenväter wußten um das Phänomen, daß man andere begleiten möchte, bevor man selbst vom Geist Jesu verwandelt worden ist. Sie fordern vom geistlichen Vater, daß er die Herzenskenntnis hat, daß er klar im anderen erkennt, worunter er leidet und was er für seinen Weg braucht. Er braucht einen klaren Blick für das Ungeklärte im andern, für das Vermischte und Unreine. Und seine Aufgabe als Begleiter besteht darin, daß er dem Begleiteten zu mehr Klarheit verhilft. Das vermag er aber erst dann, wenn er sein eigenes Herz durchschaut und in Berührung ist mit all dem Ungeklärten in seiner eigenen Seele. Gerade für den geistlichen Vater fordern die Mönche die Reinheit des Herzens, damit er ohne Vorurteile und ohne Projektionsmechanismen auf den Schüler eingeht. Für Evagrius Ponticus ist die Apatheia des geistlichen Vaters die Bedingung, daß er beim Ratsuchenden wahrnimmt, was er in seinen Worten und in seinem Leib offenbart. Der geistliche Begleiter soll »dioratikos« sein, das heißt, er soll die Fähigkeit besitzen, durch die Worte, Gesten und Gebärden des Leibes, durch die Mimik in seinem Gesicht hindurch auf den Grund der Seele zu schauen.

Reinigung kann schon dadurch geschehen, daß jemand über sein Leben ehrlich erzählt. Indem er sagt, was ihn bewegt, was ihn belastet, was ihn umtreibt, klärt sich etwas in seiner Seele. Die Aufgabe des Begleiters ist, durch seine Gegenwart und durch seine innere Klarheit den andern dazu zu bringen, ehrlich in sich hineinzuschauen und alles, was in ihm auftaucht, auszusprechen. Es hängt vom Begleiter ab, was er im andern hervorlockt, ob er beschwichtigt, was der Begleitete erzählt, ob er verharmlost, wenn der Begleitete sich schuldig fühlt, ob er dem Begleiteten alle Erklärungs- und Rechtfertigungsversuche abnimmt oder diesen durch sein Schweigen und durch seinen klaren Blick dazu bringt, ehrlich zu sagen, wie es wirklich um ihn steht. Dabei darf der Begleiter nicht bewerten. Gerade in einer Atmosphäre, in der sich der Begleitete nicht bewertet fühlt, findet er den Mut, ehrlich auszusprechen, was in ihm ist. Ein guter Begleiter gibt keinen Kommentar. Aber indem er an der richtigen Stelle nachfragt, ermöglicht er es dem Erzähler, noch genauer hinzusehen, wo er sich verunreinigt fühlt. In einem guten Gespräch wird klar, wo die eigene Spiritualität vermischt ist mit egozentrischen Motiven, wo die Emotionen und Leidenschaften vermischt sind mit den aggressiven und destruktiven Tendenzen der Umgebung.

Eine Hilfe bei der Klärung und Reinigung der Affekte ist, immer wieder nachzufragen, wie sich das Gefühl anfühlt, woher es kommt, was es bewirken möchte. Ich könnte die Gesprächspartnerin auffordern, in Worte zu kleiden, was das Gefühl ihr sagen möchte, welche Botschaft in ihm steckt. Der Affekt soll sich wie eine Person zu Wort melden. Dann wird klarer, wofür er steht. Solange die Affekte unbewußt

Geistliche Begleitung

bleiben, verunreinigen sie die Seele. Wenn sie bewußt gemacht werden, können sie sich klären. Einen guten Weg, wie sich die Gedanken und Affekte klären können, bietet die Methode des Focusing an. Dabei geht es darum, daß der Klient darauf achtet, welches Gefühl das, was er sagt, in seinem Brust- und Bauchraum bewirkt. Er soll beim Sprechen in Beziehung zu diesem Gefühl bleiben und es ausdrücken. Und es geht darum, diese spürbare Körperstelle zu fragen, was sie braucht. Der Körper weiß oft besser, was er braucht. Auf diese Weise kann sich ein noch unklares Gefühl klären. Ich sehe wieder klarer. Und ich fühle mich erleichtert, weil ich das bisher Unklare verstehe.

Vieles, was die Psychoanalyse von der Katharsis geschrieben hat, kann auch in einem geistlichen Gespräch geschehen. Doch es geht in der geistlichen Begleitung vor allem um die Beziehung zu Gott. Und gerade unsere Beziehung zu Gott ist ja oft genug vermischt mit ganz anderen Motiven. So ist es eine wichtige Aufgabe des geistlichen Begleiters, immer wieder nachzufragen, was der andere mit seiner Spiritualität bezweckt, welche Nebenabsichten er in sie hineingemischt hat, wo er Gott und seinen spirituellen Weg benutzt, um sich über andere zu stellen oder um vitalen Impulsen aus dem Weg zu gehen. Das ist oft ein schwieriges Unterfangen. Gerade bei Menschen, die sich einer ganz bestimmten Richtung von Frömmigkeit verschrieben haben, mischen sich oft ideologische Überhöhungen in ihre Frömmigkeit. Wenn sie ihre Beziehung zu Gott beschreiben, so klingt das wunderbar. Man möchte vor Ehrfurcht erstarren. Doch zugleich hat man als Begleiter oft das Gefühl, daß da etwas nicht stimmt. Die freundlichen Worte und das lächelnde Gesicht strahlen noch etwas anderes aus: Aggressivität, Rechthaberei, Angst und manchmal auch Depressivität. Aber es ist schwer, durch diese ideologische Überhöhung hindurchzustoßen und an die eigentlichen Motive heranzukommen. Die Ideologie hat die Frömmigkeit beschmutzt. Doch die Frommen merken es gar nicht. Wenn man ihre Frömmigkeit in Frage stellt, werden sie häufig aggressiv. Sie greifen den Begleiter an, daß er keine Ahnung habe von wirklicher Spiritualität. Und doch merkt man, daß da in der Frömmigkeit etwas unklar und unrein ist. Es braucht oft viel Geduld, innere Klarheit und zugleich Wohlwollen für den Begleiteten, bis er sich traut, auch das Vermischte in seiner Frömmigkeit zu sehen und zu benennen.

Der Indio, der meinen Freund bei seiner Reinigungskur begleitet hat, hat nicht viel gesprochen. Er hat oft nur schweigend dagesessen, in einer großen Präsenz. Aber er hatte sich selbst vorher durch Fasten und Gebet innerlich gereinigt. Ich merke bei mir, daß ich mich bei der Begleitung manchmal unter Druck setze, immer etwas Sinnvolles zu dem zu sagen, was der Gast mir erzählt. Doch ich habe auch die Erfahrung gemacht, daß oft im Schweigen die eigentliche Klärung geschieht. Wenn ich schweigend dasitze und ganz aufmerksam bin, offen für das, was sich im andern tut, und wenn ich in der Stille für den anderen bete, daß Gott seinen Geist der Klarheit senden möge, dann bewegt sich oft mehr als im Gespräch. Aber es braucht eine starke Präsenz, damit sich im andern etwas klären kann. Von den russischen Starzen wird oft erzählt, daß sie einfach durch den klaren Blick den Ratsuchenden zu seinem eigenen Problem und zu seiner Klärung geführt haben. Für mich ist es daher wichtig, daß ich vor jedem Begleitungsgespräch für den bete, der jetzt zu mir kommt. Das Gebet befreit mich von meinem Ehrgeiz, selbst etwas machen zu müssen, und manchmal auch von meinen Vorurteilen, die ich bei manchen Gästen in mir wahrnehme. Wenn ich für den andern bete, werde ich offen für ihn, so wie er ist. Und ich traue Gott zu, daß er sein Herz berührt und in ihm Reinigung bewirkt.

Nicht nur der geistliche Begleiter, sondern auch der, der die geistliche Begleitung in Anspruch nimmt, muß zur Reinigung seines Inneren beitragen. Er darf die Verantwortung nicht dem Begleiter überlassen. Seine Aufgabe ist es, sich immer wieder ehrlich zu fragen, was ihn auf seinem Weg hemmt, was ihn innerlich beschmutzt, was sein wahres Wesen verstellt und wo er sich Gott gegenüber verschließt. Wie die blutflüssige Frau muß er dem geistlichen Begleiter die ganze Wahrheit hinhalten. (Vgl. Mk 5,33) Und es braucht die Bereitschaft, sich von allem zu lösen, was ihn innerlich blockiert und woran er sich festklammert. Er muß sich vor dem Gespräch Gedanken machen, was er ansprechen und bearbeiten möchte und mit welchem Ziel er in das Gespräch geht. Manche möchten dem Begleiter die Verantwortung für ihren Reinigungsprozeß zuschieben. Doch es liegt immer an mir, wie ich in das Gespräch gehe und ob ich wirklich bereit bin, den ganzen Schmutz anzuschauen und zu reinigen. Ich muß mich ehrlich fragen: Möchte ich wirklich all meinen inneren Unrat offenlegen, oder sage ich nur das, was meinem frommen Selbstbild entspricht? Habe ich den festen Willen, mich auf den Reinigungsprozeß einzulassen, auch wenn er weh tut, oder möchte ich lieber ungeschoren davonkommen und nur ein nettes Gespräch haben, in dem ich meinem eigenen Narzißmus huldige? Die Reinigung geschieht nicht immer in einem warmen Schaumbad, sondern oft genug durch Feuer und Schwert. Wenn ich mich auf geistliche Begleitung einlasse, wird sie mich oft genug auf einen beschwerlichen Weg ehrlicher Selbstbegegnung und schmerzlicher Läuterung schikken.

Exerzitien

Für den Ignatius von Loyola (1491 bis 1556) sind Exerzitien dazu da, das Fundament des eigenen Lebens zu entdecken und im Blick auf das Leben Jesu, in das man sich hineinmeditiert, die richtigen Entscheidungen zu treffen. Dabei soll sich der Exerzitant in die Haltung der Indifferenz begeben, um frei zu sein von eigenen Absichten. Ignatius möchte mit seinen Exerzitien den Christen befähigen, in seinem Innern die Geister zu unterscheiden und den Willen Gottes zu erkennen. Dazu ist es notwendig, die eigenen Gedanken und Emotionen zu beobachten und sie von Verwicklungen zu reinigen. Diese Selbstbeobachtung hat Ähnlichkeiten mit der Methode des Evagrius Ponticus, der die Leidenschaften genau analysiert, um von ihrer Herrschaft frei zu werden und im Gebet das Einswerden mit Gott zu erfahren. Die Haltung der Indifferenz ist die Bereitschaft, sich für den immer wieder neuen Anruf Gottes offen zu halten und frei zu werden von den persönlichen Absichten, die sich oft in unsere Beziehung zu Gott hineinmischen.

Heute werden viele Formen von Einzelexerzitien, von Rüstzeiten oder Retreats angeboten. Ein entscheidender Zug an all diesen Formen ist die innere Reinigung, die in diesen Tagen der Stille und des Austauschs mit dem Exerzitienbegleiter geschehen sollte. Die Reinigung geschieht, indem sich der Exerzitant oder die Exerzitantin mit einem biblischen Text konfrontiert und diesen Text in drei oder vier einstündigen Gebetszeiten meditiert. In der Meditation konfrontiert man seine Seelenregungen mit dem biblischen Text, um sich über die eigenen Gedanken und Emotionen klarzuwerden. Diese Konfrontation mit dem biblischen Text ist eine gute Hilfe, das Innere von all dem zu reinigen, was sich darin eingeschlichen hat. Das Wort Gottes wird in der Meditation oft zu einem zweischneidigen Schwert, das die Gedanken von den Emotionen befreit, die sich daran festgekrallt haben. Indem ich mich auf den Text der Hl. Schrift einlasse, erkenne ich, welche Mechanismen sich in meine Gedankengänge eingeschlichen haben. Ich meine, ich würde selber denken. Doch nun geht mir in der Stille auf, wie meine Gedanken von außen gesteuert werden, von irgendwelchen Absichten, von Ressentiments, von Angst, die mich davon abhält, die Wahrheit anzuschauen. Meine Gedanken machen immer dann halt, wenn es für mich gefährlich werden könnte, wenn sie mich dazu bringen würden, mein Leben von Grund auf zu ändern.

Indem ich dem Exerzitienbegleiter erzähle, wie es mir bei den Gebetszeiten ergangen ist, wird mir klarer, wo meine Gedanken verunreinigt sind von egoistischen Absichten, von Kränkungen, von Bitterkeit, von der Weigerung, mich wirklich auf Gott einzulassen. Es ist oft ein schmerzlicher Prozeß, sich dieser inneren Verunreinigung zu stellen. Doch innerhalb einer Woche können die Stille, die Konfrontation mit dem biblischen Text und das Gespräch zu einer Reinigung führen, die mich befreit. Der Wille Gottes ist dann am Ende der Exerzitien nicht mehr etwas Bedrohliches, sondern etwas, das mich wirklich zum Leben führt, zu meiner eigenen Wahrheit. Nur die Wahrheit befreit. Das hat schon Jesus seinen Jüngern zugesagt. (Vgl. Joh 8,32) Nur wenn ich in den Gebetszeiten meine ganze Wahrheit Gott hinhalte, damit sein Licht in alle Abgründe meiner Seele eindringen kann, werde ich im Laufe der Exerzitien innere Befreiung und Reinigung erfahren. Manchmal glauben wir, wir würden Gott alles hinhalten, was in uns ist. Doch in Wirklichkeit behalten wir es doch für uns. Daher ist es eine gute Übung, das, was wir vor Gott erfahren haben, unsere Widerstände gegen den Text, unser Abschweifen und Ausweichen, unsere Verschlossenheit und unser Betroffenwerden, dem Begleiter zu sagen. Indem ich nichts beschönige, können sich innere Verwicklungen klären. Und ich komme an die eigentlichen Blockaden, die mich davon abhalten, meinen inneren Schmutz aus mir herauszuwerfen.

Manche berichten im Gespräch, was ihnen alles an Einsichten in der Meditation aufgegangen ist. Man hat den Eindruck, sie hätten theologische Studien betrieben. Aber ihr Herz bleibt dabei verschlossen. Solche Exerzitanten können sich eine ganze Woche mit den biblischen Texten befassen und finden es interessant. Aber es geschieht kein Reinigungsprozeß. Läuterung kann nur geschehen, wenn ich das Wort der Schrift in alle Abgründe meiner Seele eindringen lasse und wenn ich alles, was das Wort Gottes in mir aufdeckt, auch ausspreche. Da kann ich dann vor dem Exerzitienbegleiter nicht glänzen. Vielmehr werde ich oft beschämt sein über den inneren Schmutz, der da zutage gefördert wird. Aber nur wenn ich den Mut zur Wahrheit habe, werden mich die Exerzitien mehr und mehr läutern. Dann habe ich nach den Exerzitien das Gefühl, innerlich klar zu sein. Ich freue mich an der inneren Lauterkeit, die trotz allen Unrats auch in mir ist. Meine Seele vermag wieder neu zu atmen und die Freiheit und Weite zu genießen, in die mich das Wort Gottes geführt hat.

VIII. Die Vollendung der Reinigung

Der Mensch vermag sich nie so zu reinigen, daß er vollkommen rein vor Gott treten kann. Weder Exerzitien noch Fasten, weder Gebet noch Meditation können ihn von allem inneren Schmutz befreien. Gott selbst wird im Tod den Menschen von allen Makeln und Flecken reinigen, damit er fähig wird, mit ihm eins zu werden. Alle Religionen wissen von einer endgültigen Reinigung. Viele sprechen von einem eigenen Reinigungsort, an den der Mensch nach dem Tod gelangt, um für den Himmel bereitet zu werden. In der christlichen Tradition wurde dieser Reinigungsort »Purgatorium« genannt. »Purgare« heißt »rein machen«. An diesem Ort werden wir rein gemacht. Da müssen wir selbst nichts mehr tun. Im deutschen Sprachraum sprach man von »Fegfeuer«. Gemeint ist das Feuer, das das Unreine wegfegt und säubert. Die Bibel selbst kennt die Vorstellung vom Fegfeuer nicht. In der Kirche hat Origenes diese Lehre als erster entwickelt. Er übernimmt dabei die Vorstellungen aus der griechischen Gedankenwelt, etwa des Philosophen Platon oder der orphischen Tradition. In der lateinischen Tradition wurden Tertullian und Augustinus in ihren Vorstellungen von einem Reinigungsort nach dem Tod von der Äneis des Vergil beeinflußt, der von einem Abstieg in die Unterwelt und von der Läuterung des Menschen durch Feuer sprach.

Die Vollendung der Reinigung

In der Volksfrömmigkeit wurden oft sehr abstruse Vorstellungen vom Fegfeuer weitergegeben. Man glaubte daran, daß man die Armen Seelen aus dem Fegfeuer befreien könne, wenn man jeweils einen Ablaß für sie bete. Martin Luther hat dagegen protestiert. Er lehnt die Lehre vom Fegfeuer ab, weil dann die Erlösung durch das Kreuz entwertet würde. Er wittert darin eine Werkgerechtigkeit, als ob man die Läuterung der Seelen durch Geld und Ablaßgebete selbst bewirken könne. Sicherlich sind in die Vorstellung vom Fegfeuer falsche Bilder von Gott und von der Erlösung durch Jesus Christus eingeflossen. Doch wenn wir das Bild des Fegfeuers und des Purgatoriums theologisch bedenken, so steckt darin doch etwas Wahres. Im Hinduismus meint man, der Mensch müsse sich durch viele Reinkarnationen immer mehr läutern, damit er mit Gott eins werden kann. Wir Christen glauben, daß das, was wir an Reinigungsarbeit leisten können, weit zurückbleibt vor der Reinheit Gottes. Wir stehen nicht unter dem Leistungsdruck, alles in uns perfekt reinigen zu müssen. Auch wenn wir uns durch Gebet und Meditation noch so sehr geläutert haben, werden wir uns vor Gott immer noch unrein fühlen. Daher wird Gott selbst uns reinigen. Aber diese Reinigung ist keine Strafe, sondern sie geschieht in der Begegnung mit dem liebenden Gott. Es ist letztlich die Liebe Gottes, die uns reinigt. Es ist immer Gott, der uns läutert, und nicht unser eigenes Tun. Wir müssen es nur an uns geschehen lassen.

Wir kennen die Erfahrung der Läuterung auch in der Begegnung mit dem geliebten Menschen. Je näher wir dem Ehepartner, der Ehepartnerin, in der Liebe kommen, desto schmerzlicher erkennen wir, wie hart wir sind, wie vieles in

Die Vollendung der Reinigung

uns unklar und unrein ist. Wir erkennen, daß wir an uns selbst vorbeileben, daß wir uns von weltlichen Maßstäben leiten lassen, von der Gier nach immer mehr, daß wir abhängig sind vom Urteil der anderen und uns deshalb immer wieder verbiegen und unser wahres Sein verleugnen. Im Blick des Geliebten erkennen wir unsere tiefste Wahrheit. Und diese Erkenntnis ist immer mit Schmerz verbunden. Im Licht der göttlichen Liebe erkennen wir alles, was in uns fehlerhaft ist, was vermischt ist mit unlauteren Motiven. Von Gott liebend angeschaut, wird uns die eigene Lebenslüge bewußt. Doch die Liebe führt nicht nur zur schmerzlichen Selbsterkenntnis. Die Liebe hat auch läuternde Kraft. Die Liebe eines geliebten Menschen nimmt uns trotz unserer Fehler und Schwächen an. Und im Augenblick der Begegnung mit dem Geliebten geschieht in uns Reinigung. Wir fühlen uns durch den Blick der Liebe geläutert. Die Liebe macht uns rein. So dürfen wir uns auch die endgültige Reinigung im Augenblick des Todes vorstellen. Dort wird die Liebe Gottes alles in uns ausbrennen, was noch befleckt und verunstaltet ist. Und wir werden durch die Liebe Gottes rein und klar.

Die Vorstellung von einem Reinigungsort nach dem Tod entlastet uns vom Druck unseres eigenen Perfektionismus, daß wir uns vor Gott ganz und gar reinigen müßten. Wer allzusehr auf seine Reinheit bedacht ist, wird in sich viel Unreines verdrängen. Je reiner einer sein will, desto mehr Unreinheit bekommt oft seine Umgebung mit. Denn er wird all das Unreine, das er bei sich nicht wahrhaben will, auf die anderen projizieren. Als Menschen sind wir nicht imstande, alles in uns zu klären und zu läutern. Wir werden immer wieder erleben, daß unsere Seele sich befleckt und verunreinigt. Es gehört zur Demut, daß wir zugeben, nie die absolute Reinheit erreichen zu können. Wir werden immer wieder zwischen rein und unrein hin- und herschwanken. Unsere weiße Weste wird im Laufe unseres Lebens oft genug beschmutzt. Uns bleibt nichts anderes übrig, als unseren Schmutz in die reinigende Liebe Gottes zu halten. Die reinigenden Rituale können uns dabei unterstützen. Aber sie vermögen nicht, unseren Schmutz für immer abzuwaschen. Das wird Gott im Tod tun, wenn wir seiner grenzenlosen Liebe begegnen. Aber der Reinigungsort ist kein Ort, an dem wir für eine gewisse Zeit bleiben müssen, um unsere Sünden abzubüßen. Der Ort der Reinigung ist vielmehr die Liebe Gottes, der wir im Tod in ihrer unverstellten Fülle begegnen. Fegfeuer ist der Augenblick der Begegnung, aber keine zeitliche Strafe, die wir durch Gebete und Opfer verkürzen könnten. Mit unserem Gebet für die Verstorbenen begleiten wir sie in ihrer Begegnung mit Gott, damit sie sich bedingungslos in diese Liebe fallen lassen. Wenn sie sich in die Liebe Gottes fallen lassen, dann sind sie rein, geläutert durch die Liebe. Und wir dürfen darauf vertrauen, daß auch wir in unserem Tod von Gottes Liebe so angezogen werden, daß wir durch den Schmerz der Läuterung hindurchgehen, um in Gott für immer daheim zu sein, um mit dieser Liebe Gottes eins zu werden.

Schluß

Ursprünglich hat mich der Begriff »Reinigung« fasziniert. Als mein Freund von seinem Reinigungsprozeß im Urwald von Peru erzählte, hat es mich sofort angesprungen. Im Gespräch mit einigen Mitbrüdern und MitarbeiterInnen aus dem Vier-Türme-Verlag wurde mir deutlich, daß das Thema der Reinigung nicht nur ein Thema christlicher Mystik ist, sondern daß es auch die Menschen heute stark berührt. Es spricht ihre Sehnsucht nach Klarheit und Lauterkeit an. Mitten in einer Welt, in der wir uns immer mehr verunreinigen, sowohl an der verschmutzten Umwelt als auch an der Berieselung durch die Medien und am Einfluß von unklaren Menschen, sehnen wir uns nach Reinheit und Klarheit.

Im Gespräch entdeckten wir, daß wir nicht nur über Reinheit sprachen, sondern über vieles, was damit zusammenhängt. Reinheit hat mit Klarheit und Lauterkeit zu tun. In uns ist trotz aller Intrigen auch etwas Lauteres und Reines. Und wir sehnen uns danach, klar zu sehen, klar zu sein. Mich faszinieren Menschen, die eine innere Klarheit ausstrahlen. Da spüre ich, daß sie das verkörpern, was mit Reinigung gemeint ist. Sie können klar sehen, weil sie vieles in sich geklärt haben. Reinheit hängt zusammen mit Absichtslosigkeit und Einfachheit. Das reine Herz ist immer auch das einfache und einfältige Herz, von dem die Mystik spricht. Das einfache Herz will nur das eine: Gott. Es hat keine Nebenabsichten. Und Reinheit hat mit Freiheit zu tun. Ich sehne mich danach,

Schluß

in meinem Denken und Tun frei zu sein, nicht abhängig vom Urteil anderer, aber auch nicht von meinen eigenen Lebensmustern. Ich möchte frei sein von den inneren und äußeren Verwicklungen, in die ich oft genug verstrickt bin.

So hat mich das Nachdenken über Reinheit und den Reinigungsprozeß zu wesentlichen Themen des geistlichen Lebens geführt. Mir wurde deutlich, daß mit diesen Begriffen eine Ursehnsucht der Menschen angesprochen wird. Nicht von ungefähr ist es ein Thema, das die ganze Religionsgeschichte durchzieht. Und die Kirchengeschichte zeigt, daß es von Zeit zu Zeit immer wieder auftaucht und zu Turbulenzen führt, wenn dieses Thema zu einseitig gepredigt oder aber tabuisiert und bekämpft wird.

Die kosmetische Industrie und die Waschmittelindustrie zeigen uns, wie tief das Thema Reinheit auch heute archaische Wünsche im Menschen anspricht. Die Werbung nützt diese archaischen Wünsche oft schamlos aus. Sie arbeitet wie die Bewegung der Katharer und Puritaner mit einem einseitigen Reinheitsideal. Die christliche Antwort relativiert dieses Ideal. Jesus ist Mensch geworden. Er ist auf die Erde gekommen und über die Erde gegangen. Er hat Fleisch angenommen, das Fleisch, das für manche von vornherein verdächtig ist, befleckt zu sein und der Reinigung zu bedürfen. Das übertriebene Reinheitsideal wird der Gesellschaft nicht gerecht. Es führt zu Reinheitsfanatikern, die dann auf Bergen von Müll sitzenbleiben und den Schmutz gar nicht entsorgen können, den sie mit ihrem Reinheitsideal aufwirbeln. Das christliche Gottesbild, das uns der menschgewordene Gottessohn Jesus Christus verkündet, befreit uns von einem Verständnis des

Reinen als des Sterilen. Nicht das absolut Keimfreie kann das Ideal sein, sondern der Mensch, der immer wieder schmutzig wird, der aber auch bereit ist, sich täglich der Reinigung zu unterziehen, um in Berührung zu kommen mit seinem unverfälschten und unberührten, mit dem unversehrten und makellosen, dem reinen und lauteren Bild, das Gott sich von ihm gemacht hat. Der Weg zu diesem lauteren Bild führt über die Erde, über den Humus, über den Schmutz dieser Welt. Jesus ist hinabgestiegen in den Schmutz dieser Welt, um alles, was ist, hineinzunehmen in Gott. Das ist die christliche Antwort auf die Sehnsucht des Menschen nach Reinheit. Wenn alles angenommen ist, was ist, auch das Schmutzige, und wenn es hineingenommen wird in Gott, dann ist es rein, dann leuchtet in allem Gottes Schönheit auf. Nicht der von der Werbung angepriesene mit allen Mitteln der Reinheitsindustrie gewaschene und gereinigte Mensch ist das Ziel des christlichen Reinigungsweges, sondern der Mensch, der sich so, wie er ist, in Gottes reinigende Liebe hält. Er ist schön, auch wenn er staubig heimkommt von seinen Wegen über diese Erde. Er ist rein, auch wenn ihn die Welt mit Schmutz beworfen hat.

Die Antwort der Christen auf die archaischen Wünsche nach Reinheit und Unversehrtheit wird in den ersten Versen des Epheserbriefes deutlich: In Jesus Christus hat Gott »uns erwählt vor der Erschaffung der Welt, damit wir heilig und untadelig leben vor Gott« (Eph 1,4). Wir sind als Christen immer schon in Christus. Und indem wir in Christus sind, sind wir heilig und ohne Makel (»immaculati«). Das griechische Wort »amomos« bezeichnet die Unversehrtheit des

Schluß

Opfertieres, das Makellose, Fehlerfreie, Untadelige. Dort, wo Christus in uns ist, sind wir lauter und makellos. Dort sind wir rein. Der Schmutz kann immer nur das Äußere beschmutzen. Doch unseren innersten Kern, der in Christus ist, kann nichts besudeln. Die Kirche zitiert diesen Vers gerade am Fest »Maria Immaculata« am 8. Dezember. Das Dogma von Maria, die im Blick auf Jesus Christus von der Erbsünde ausgenommen ist, will sagen, daß in jedem von uns ein Raum ist, der lauter und makellos ist, rein und klar, einfach und frei, absichtslos und vollkommen. Dort, wo Christus in uns wohnt, sind wir heil und ganz, heilig und rein. Und diese Reinheit kann uns niemand und nichts nehmen, weder unsere eigene Schuld und unser tägliches Beschmutztwerden durch unsere Umwelt, noch Menschen, die uns verleumden und mit Schmutz bewerfen. Das Wissen um diese innere Unversehrtheit macht uns gelassen allen Reinheitsidealen gegenüber. Wir müssen uns nicht absolut reinigen, weil das Innerste schon rein ist. Und wer mit dem reinen Kern in seinem Inneren in Berührung ist, der versteht, was der Titusbrief verkündet: »Für die Reinen ist alles rein.« (Tit 1,15)

Literatur

Athanasius, Vita Antonii, hrsg. v. A. Gottfried, Graz 1987.

Karl Albert, Katharsis, Theologische Realenzyklopädie, Band 18, Berlin 1986, S. 35–37.

Rudolph Arbesmann, Fasten, in: Reallexikon für Antike und Christentum, Band VII, Stuttgart 1969.

John Eudes Bamberger, Einleitung zu: Evagrius Ponticus, Praktikos. Über das Gebet, Münsterschwarzach 1986.

Die Benediktsregel. Eine Anleitung zu christlichem Leben, der vollständige Text der Regel, lateinisch – deutsch, übersetzt und erklärt von Georg Holzherr, Abt von Einsiedeln, 4. Auflage, Zürich 1993.

Jakob Bösch, Spirituelles Heilen und Schulmedizin. Eine Wissenschaft am Neuanfang, Bern 2002.

Peter Robert Lamont Brown, Sexuelle Entsagung, Askese und Körperlichkeit im frühen Christentum, München 1991.

Patrick Collinson, Puritanismus I, Theologische Realenzyklopädie, Band 28, Berlin 1997, S. 8–25.

Evagrius Ponticus, Praktikos. Über das Gebet, Münsterschwarzach 1986.

Erich Gräßer, Der Brief an die Hebräer, Einsiedeln 1998.

Anselm Grün, Fasten, 13., überarbeitete und aktualisierte Auflage, Münsterschwarzach 2002.

Anselm Grün, Reinheit des Herzens, Frankfurt 1978.

Gert Hartmann, Reinheit. V. In Kirche und christlicher Kultur, Theologische Realenzyklopädie, Band 28, Berlin 1997, S. 493–497.

Theodor Heinze, Kathartik, in: Der neue Pauly. Enzyklopädie der Antike, Stuttgart 1999, S. 352–354.

Johannes vom Kreuz, Die dunkle Nacht, übersetzt und eingeleitet von Ulrich Dobhan, Elisabeth Hense und Elisabeth Peeters, Freiburg 1994.

Bernhard Maier, Reinheit. I. Religionsgeschichtlich, Theologische Realenzyklopädie, Band 28, Berlin 1997, S. 473–477.

Daniela Müller, Katharer, Theologische Realenzyklopädie, Band 18, Berlin 1986, S. 21–30.

Katharsis, in: Dictionnaire de Spiritualité, Paris 1972, S. 1664–1690.

Pureté – Purification, in: Dictionnaire de Spiritualité, Paris 1986, S. 2627–2652.

Bernhard Zimmermann, Katharsis, in: Der neue Pauly. Enzyklopädie der Antike, Stuttgart 1999, S. 349–351.